Dr. Oetker

Partyfutter

Dr. Oetker
Partyfutter

Dr. Oetker Verlag

Vorwort

Ob Geburtstag, Semesterstart, Examen oder Zwischenprüfung. Ob lang geplant oder ganz spontan per SMS. Ob Brunch, Buffet oder geselliges WG-Essen: Anlässe für coole Partys gibt's genug und diese Rezepte kommen extrem gut an.

Also: Motto finden, Rezepte suchen, einkaufen und entspannt kochen. Natürlich nicht alleine – die beste Freundin hilft: Wie wäre eine WG-Party mit Hot-Chicken-Pizza, Pasta-Salat, Yufkarollen und Schokoladencreme? Stressfrei vorbereiten lässt sich eine Fingerfood-Party: Reichlich belegte Sandwiches, knuspriges Käsegebäck, bunte Rohkost mit Schmand-Kräuter-Dip. Dazu gefüllte Pitabrote und fruchtiges Tiramisu. – Und für eine Spontan-Party wird aus Zwiebelkuchen-Häppchen, fruchtigem Eisbergsalat, Kiwi-Apfel-Refresher, Pizza-Toasts und dem Klassiker Toast Hawaii schnell ein prima Buffet.

Die Rezepte sind ohne größeren Aufwand gut vorzubereiten oder schnell gemacht. Genau das Richtige für alle, die nicht lange in der Küche stehen, sondern lieber Party machen wollen. – Obwohl: Die besten Partys finden eh' in der Küche statt ...

Ratgeber
Planung und Einkauf

Was muss ich wann vorbereiten?

- 1 Woche vor der Party: Vorräte prüfen, haltbare Lebensmittel, Getränke sowie Dekoration einkaufen, Bestellungen (z. B. für Fleisch) aufgeben
- 1–2 Tage vor der Party: Lebensmittel für Gerichte einkaufen, die am Vortag gemacht werden
- Am Partytag: frische Lebensmittel (Brot nicht vergessen) einkaufen, Bestellungen abholen, die restlichen Gerichte vorbereiten

Abkürzungen:

EL	= Esslöffel
TL	= Teelöffel
Msp.	= Messerspitze
Pck.	= Packung/Päckchen
g	= Gramm
kg	= Kilogramm
ml	= Milliliter
l	= Liter
evtl.	= eventuell
geh.	= gehäuft
gestr.	= gestrichen
TK	= Tiefkühlprodukt
°C	= Grad Celsius
ø	= Durchmesser
E	= Eiweiß
F	= Fett
Kh	= Kohlenhydrate
kJ	= Kilojoule
kcal	= Kilokalorien
BE	= Broteinheiten

Für ein 20-Personen-Buffet benötigt man etwa …

100 Häppchen/Snacks
4 l Suppe
2 kg Salat (mit Nudeln, Reis, Kartoffeln)
3 kg Fleisch/Geflügel/Fisch
3½ kg Brot
2½ kg Käse
4 kg Dessert

Planung

Wie soll die Party aussehen?

Wann und wo kann ich feiern? Wie viele kann ich einladen? Wie ist meine Küche ausgestattet? – Diese Fragen sollte man zuerst beantworten.
Mit sechs bis acht Freunden sitzt man zum Essen gemütlich am Tisch. Sind mehrere eingeladen, ist ein Buffet ideal. Am besten baut man das Buffet in der Küche auf, dann kann warmes Essen gleich auf dem Herd stehen.
Wichtig: Immer an ausreichend Geschirr, Besteck und Gläser denken. Mit Papptellern, -bechern und Einmalbesteck erspart man sich dabei den lästigen Abwasch – auch wenn das ein wenig teurer ist.
Achtung: Fehlt es an großen Pfannen oder Auflaufformen, um größere Portionen zuzubereiten, die Gerichte einfach auf 2 Portionen aufteilen (Bei kleineren Formen kann die Garzeit abweichen!) oder sich bei Freunden etwas ausleihen.

Was soll es geben?

Für ein gemütliches Essen darf es schon mal ein etwas aufwendigeres Rezept sein. Für Buffets aber keine übermäßige Auswahl treffen. Beim Zusammenstellen der Rezepte darauf achten, das einige dabei sind, die sich 1–2 Tage vorher zu- bzw. vorbereiten lassen. Die Brotaufstriche z. B. halten sich in Schraubgläsern im Kühlschrank 2–4 Tage.
Tipp: Ideal ist eine Mitbring-Party – jeder bringt etwas mit, der Aufwand ist nur halb so groß und die Bafög-Reserven werden nicht überstrapaziert.
Ein gutes Bufett bietet für Jeden etwas: Vegetarier sollten ebenso auf ihren Geschmack kommen wie Freunde, die nicht gerne scharf essen oder Allergien gegen bestimmte Lebensmittel haben.

Wie viel brauche ich?

Je größer die Runde, umso schwieriger ist es einzuschätzen, wie viel gegessen und getrunken wird. Jedes Rezept hat deshalb eine Personen- bzw. Portionenangabe. Dabei sollte zu einem Hauptgericht auch noch eine kleine Beilage und ein Dessert eingeplant werden. Gibt es nur Suppe, besser etwas großzügiger planen. Für ein Buffet Speisen, die nicht länger aufbewahrt oder eingefroren werden können, eher knapp bemessen und länger haltbare in größeren Mengen zubereiten. Die Hackfleischpizza lässt sich z. B. prima einfrieren und kann – etwas angetaut – in einer Auflaufform auf einem Rost im Backofen wieder aufgebacken werden.
Tipp: Getränke (Wein, Prosecco, Bier, Wasser und andere antialkoholische Getränke) auf Kommission beim Getränkehändler um die Ecke kaufen. So sitzt man auf der Party nicht plötzlich auf dem Trockenen und danach nicht auf großen Resten.
Buchtipp: Rezepte für an- und aufregende Mixgetränke finden Sie in unserem Buch „WunderBar" (ISBN: 978-3-7670-0986-8), das ebenfalls in dieser Reihe erschienen ist.

Hinweise zu den Rezepten

Lesen Sie vor der Zubereitung – besser noch vor dem Einkaufen – das Rezept einmal vollständig durch. Oft werden Arbeitsabläufe oder -zusammenhänge dann klarer. Die in den Rezepten angegebenen Backtemperaturen und -zeiten sind Richtwerte, die je nach individueller Hitzeleistung des Backofens über- oder unterschritten werden können. Bitte beachten Sie deshalb bei der Einstellung des Backofens die Gebrauchsanweisung des Herstellers. Die Zubereitungszeit beinhaltet nur die Zeit für die eigentliche Zubereitung. Längere Wartezeiten wie z. B. Kühlzeiten sind nicht mit einbezogen. Die Backzeiten sind ebenfalls im Rezept angegeben.

Mexiko-Eintopf

Gut vorzubereiten

Dauert etwa 30 Minuten, für 12 Personen.

Zutaten:

Für den Eintopf:
4–5 Zwiebeln
3 Knoblauchzehen
6 rote Paprikaschoten
3 rote Chilischoten
3 Stangen Porree (Lauch, etwa 450 g)
5–6 EL Speiseöl, z. B. Sonnenblumenöl
900 ml Gemüsebrühe
3 Dosen geschälte Tomaten (Einwaage je 800 g)
Salz
frisch gemahlener Pfeffer
6 kleine Zucchini (etwa 1200 g)
3 Dosen Kidney-Bohnen (Abtropfgewicht je 250 g)
1 Dose Gemüsemais (Abtropfgewicht 285 g)

Außerdem:
800–1000 g Hackfleischbällchen (ersatzweise Mini-Frikadellen, beides aus dem Kühlregal)

Pro Portion:
E: 23 g, F: 19 g, Kh: 35 g, kJ: 1795, kcal: 427, BE: 2,0

Zubereitung:

1. Für den Eintopf Zwiebeln und Knoblauch abziehen, halbieren und würfeln. Paprikaschoten halbieren, entstielen, entkernen und die weißen Scheidewände entfernen. Anschließend die Schoten abspülen, abtropfen lassen und grob würfeln. Chilischoten längs aufschneiden, entkernen und die Scheidewände herausschneiden. Die Schoten abspülen, trocken tupfen und grob hacken.

2. Den Porree putzen, die Stangen längs halbieren, gründlich waschen und abtropfen lassen. Porree in Streifen schneiden. Das Öl portionsweise in einem großen Topf erhitzen. Vorbereitete Zwiebeln, Knoblauch, Chili und Gemüse portionsweise im Öl andünsten. Anschließend alle Zutaten zurück in den Topf geben und die Brühe dazugießen. Alle Zutaten aufkochen lassen und bei schwacher Hitze etwa 10 Minuten zugedeckt kochen lassen.

3. Die Tomaten in den Dosen etwas klein schneiden, mit dem Saft hinzufügen und alles erneut aufkochen lassen. Den Eintopf mit Salz und etwas Pfeffer abschmecken und die Gemüsezutaten in der Brühe fein pürieren.

4. Zucchini abspülen, abtrocknen und die Enden abschneiden. Anschließend Zucchini evtl. der Länge nach halbieren und in Scheiben schneiden. Bohnen und Mais in ein Sieb geben, kurz mit kaltem Wasser abspülen und abtropfen lassen. Zucchini, Bohnen und Mais in den Eintopf geben und bei schwacher Hitze weitere 5–8 Minuten köcheln lassen. Hackfleischbällchen (oder Mini-Frikadellen) dazugeben und im Eintopf etwa 3 Minuten erwärmen.

5. Den Eintopf vor dem Servieren nochmals mit Salz und Pfeffer abschmecken.

Dazu passen:

Herzhaftes Mischbrot, Taco-Chips oder ofenwarme Tortillas (dünne Brotfladen aus Maismehl).

Tipp:

Für eine vegetarische Variante die Hackfleischbällchen durch fertige Falafel-Bällchen ersetzen.

Oder selbst gemacht:

Für **mexikanische Hackfleischbällchen** 1 kg gemischtes Hackfleisch (halb Rind-, halb Schweinefleisch) mit 3 Eiern (Größe M) und 6 Esslöffeln kernigen Haferflocken in eine Schüssel geben. Salz, frisch gemahlenen Pfeffer und 3 Teelöffel scharfen Senf dazugeben. Alles glatt verkneten und daraus etwa 40 kleine Bällchen formen. 5–6 Esslöffel Speiseöl portionsweise in einer großen Pfanne erhitzen und die Bällchen darin rundherum braun anbraten und herausnehmen.

Zutaten:

1 ½ kg mageres Rindergulasch (ersatzweise halb Rind-, halb Schweinegulasch)
6 Zwiebeln
2 Bund Suppengrün (Sellerie, Möhren, Porree)
4–5 EL Speiseöl, z. B. Sonnenblumenöl
4 EL Tomatenmark
Salz
frisch gemahlener Pfeffer
2 TL Paprikapulver edelsüß
1 l Gemüse- oder Fleischbrühe
4 Paprikaschoten (z. B. je 2 rote und 2 gelbe)
1 Bund glatte Petersilie

Pro Portion:
E: 34 g, F: 19 g, Kh: 13 g,
kJ: 1507, kcal: 360, BE: 0,0

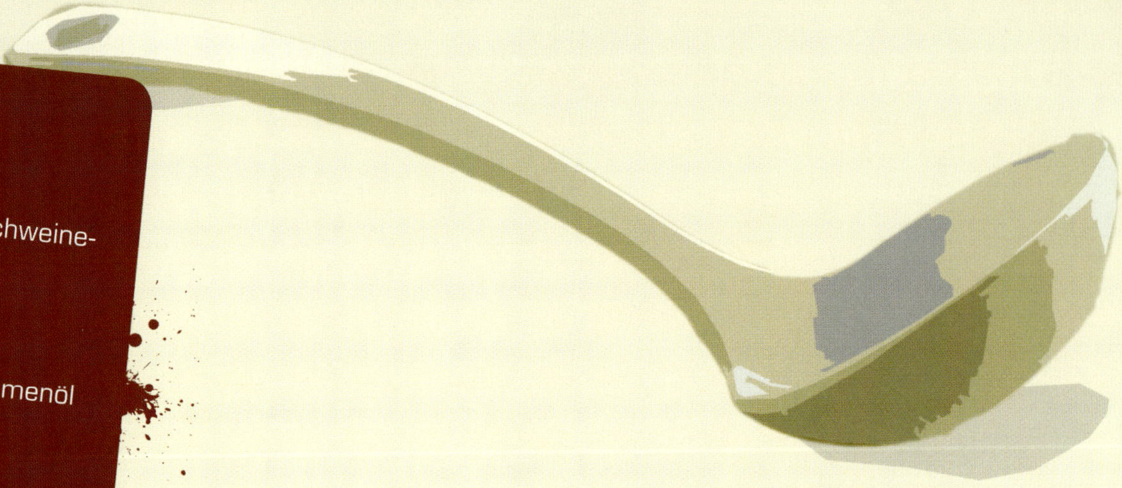

Zubereitung:

1. Rindergulasch mit Küchenpapier trocken tupfen, evtl. größere Fleischstücke halbieren. Zwiebeln abziehen, halbieren und würfeln. Sellerie und Möhren putzen, schälen, abspülen und abtropfen lassen. Anschließend das Gemüse in kleine Würfel schneiden. Porree putzen, die Stangen längs halbieren, gründlich waschen, abtropfen lassen und in sehr kleine Stücke schneiden.

2. Jeweils 1 Esslöffel Speiseöl in einem weiten Schmortopf, Bräter oder Topf erhitzen. Gulasch darin in 4–5 Portionen von allen Seiten kräftig braun anbraten und herausnehmen.

3. Die Zwiebelwürfel in dem verbliebenen Bratfett braun anbraten. Vorbereitetes Suppengrün und Tomatenmark hinzugeben und unter Rühren kräftig andünsten. Mit Salz, Pfeffer und Paprika würzen. Gulasch hinzugeben und untermischen. Brühe hinzugießen, zum Kochen bringen und zugedeckt etwa 50 Minuten bei schwacher bis mittlerer Hitze garen. (Sollte zuviel Flüssigkeit verdampfen, evtl. noch etwas Wasser zugießen.)

4. In der Zwischenzeit Paprikaschoten halbieren, entstielen, entkernen und die weißen Scheidewände entfernen. Schoten abspülen, abtropfen lassen und in Würfel schneiden. Die Paprikawürfel zu dem Gulasch geben und untermischen. Nochmals mit Salz, Pfeffer und Paprika würzen. Gulasch wieder zum Kochen bringen und zugedeckt weitere etwa 15 Minuten bei schwacher bis mittlerer Hitze garen. Gulasch erneut mit den Gewürzen abschmecken.

5. Petersilie abspülen und trocken tupfen. Die Blättchen von den Stängeln zupfen und fein hacken. Gulasch mit Petersilie bestreut servieren.

Dazu passen:

Makkaroni oder Spätzle. 1 kg Nudeln reicht für 8–10 Personen.

Tipps:

Im Handel gibt es auch fertiges Gulaschgewürz statt Salz, Pfeffer und Paprikapulver zu kaufen.
Falls Gulasch übrig bleibt – einfach einfrieren. Zubereitetes Gulasch hält sich so 3–6 Monate.

Oder mal so:

Für ein **Gulasch mit Pilzen** 2 der 4 Paprikaschoten durch 400–500 g Champignons ersetzen. Pilze putzen, mit Küchenpapier abreiben, evtl. kurz abspülen und gut abtropfen lassen. Pilze in Scheiben schneiden und mit den Paprikawürfeln zu dem Gulasch geben und weitergaren. Noch schneller geht es mit 2 Gläsern Champignonscheiben (Abtropfgewicht je 210 g).

Lieblings-Gulasch, light

Simpel – ein Klassiker

Dauert etwa 90 Minuten,
für 8–10 Personen.

Putenchili

Scharfer Genuss

Dauert etwa 60 Minuten,
für 12 Personen.

Zubereitung:

1. Putenbrustfilet unter fließendem kalten Wasser abspülen, trocken tupfen und in kleine Würfel schneiden. Paprikaschoten halbieren, entstielen, entkernen und die weißen Scheidewände entfernen. Anschließend die Schoten abspülen, abtropfen lassen und in Würfel schneiden. Die Kartoffeln schälen, abspülen, abtropfen lassen und ebenfalls in Würfel schneiden.

2. Jeweils 2–2½ Esslöffel Speiseöl in einem großen Topf erhitzen. Fleisch-, Kartoffel- und Paprikawürfel darin portionsweise oder nacheinander scharf anbraten und herausnehmen.

3. Alle angebratenen Fleisch-, Kartoffel- und Paprikawürfel zusammen zurück in den Topf geben. Stückige Tomaten, Geflügelbrühe und Chilisauce hinzufügen. Die Zutaten unter gelegentlichem Rühren zum Kochen bringen und etwa 30 Minuten zugedeckt bei schwacher bis mittlerer Hitze köcheln lassen. Dabei ab und zu umrühren.

4. Inzwischen Chilischoten längs aufschneiden, entkernen und die Scheidewände herausschneiden. Die Schoten abspülen, trocken tupfen und in kleine Würfel schneiden. 5 Minuten vor Ende der Garzeit die Chiliwürfel hinzufügen, unterrühren und weitergaren.

5. Das Putenchili mit Sambal Oelek, Salz und Pfeffer feurig abschmecken.

Zutaten:

1200 g Putenbrustfilet
je 3 rote, grüne und gelbe Paprikaschoten
1200 g vorwiegend festkochende Kartoffeln
7–8 EL Speiseöl, z. B. Sonnenblumenöl
3 Dosen stückige Tomaten (Einwaage je 400 g)
600 ml Geflügelbrühe
3 kleine Flaschen süße Chilisauce (je 250 ml, [¼ l])
6 Chilischoten
Sambal Oelek
Salz
frisch gemahlener Pfeffer

Pro Portion:
E: 29 g, F: 8 g, Kh: 38 g,
kJ: 1694, kcal: 404, BE: 2,5

Dazu passen:

Ofenwarmes Fladenbrot oder Ciabatta.

Tipps:

Statt Putenbrustfilet kann die gleiche Menge Putenschnitzel oder Hähnchenbrustfilet verwendet werden. Chilisauce gibt es meist in den Geschmacksrichtungen scharf und mildsüß. Wenn Sie keine süße Chilisauce bekommen können, nehmen Sie lediglich 2 Flaschen scharfe Chilisauce (je 250 ml, [¼ l]) und füllen evtl. etwas mehr Geflügelbrühe hinzu.

Variante:

Für ein **Putenchili mit Mais und Zucchini** ersetzen Sie die 3 grünen und gelben Paprikaschoten durch 2 Dosen Gemüsemais (Abtropfgewicht je 285 g) und 2 mittlere Zucchini (etwa 500 g). Zucchini abspülen, abtrocknen und die Enden abschneiden. Dann in kleine Würfel schneiden. Zucchini-, Fleisch-, Kartoffel- und Paprikawürfel scharf anbraten. Abgetropften Mais später mit den restlichen Zutaten hinzugeben und alles weitergaren.

Kichererbsensuppe mit Frühlingszwiebeln und Möhren

Simpel – vegetarisch

Dauert etwa 45 Minuten,
für 8–10 Personen.

Zutaten:

1 ¼ kg mehligkochende Kartoffeln
2 ½ l Gemüsebrühe
5 Dosen Kichererbsen
(Abtropfgewicht je 265 g)
3–4 Bund Frühlingszwiebeln
2–3 Möhren
Salz
frisch gemahlener Pfeffer

Pro Portion:
E: 15 g, F: 4 g, Kh: 49 g,
kJ: 1267, kcal: 303, BE: 3,5

Zubereitung:

1. Die Kartoffeln schälen, abspülen, abtropfen lassen und in kleine Würfel schneiden.

2. Die Kartoffelwürfel mit der Brühe in einem großen Topf zum Kochen bringen und etwa 10 Minuten bei schwacher Hitze zugedeckt köcheln lassen.

3. Inzwischen Kichererbsen in ein Sieb geben und gut abtropfen lassen. Frühlingszwiebeln putzen, abspülen und abtropfen lassen. Frühlingszwiebeln in feine Ringe schneiden. Die Möhren putzen, schälen, abspülen und abtropfen lassen.

4. Kichererbsen, Frühlingszwiebeln und Möhren ebenfalls in die Brühe geben und etwa 5 Minuten zugedeckt mitköcheln lassen.

5. Die Suppe mit Salz und Pfeffer abschmecken.

Auch gut:

Für eine **Kichererbsensuppe mit Porreestreifen** statt Frühlingszwiebeln 4–5 Stangen Porree (Lauch) in feine, etwa 2 cm lange Streifen schneiden. Kichererbsen und Porree (ohne Möhren) in die Brühe geben und etwa 5 Minuten zugedeckt mitköcheln lassen. Die Möhren durch Cocktailtomaten ersetzen. Diese abspülen, abtrocknen und je nach Größe halbieren oder vierteln. Die Cocktailtomaten aber nicht mitkochen, sondern am Ende der Garzeit in die heiße Suppe geben und darin erwärmen. Die Suppe würzen und nach Belieben 3–4 Esslöffel Schnittlauchröllchen unterrühren.

Kleine Warenkunde:

Bei den Kartoffeln unterscheidet man unterschiedliche Kochtypen: „Festkochende“ Sorten eignen sich besonders gut für Kartoffelsalate, Bratkartoffeln oder Gratins. „Vorwiegend festkochende“ Sorten sind ideal als Beilage für Gerichte mit Saucen und Dips, Salz- und Pellkartoffeln. „Mehligkochende“ Sorten eignen sich für Suppen, Eintöpfe, Knödel, Reibekuchen, Kartoffelpüree.

Möhrensuppe mit roten Linsen

Leicht – preiswert

Dauert etwa 45 Minuten,
für 12 Personen.

Zutaten:

etwa 2 ¼ kg Möhren
30 g Ingwerwurzel
3 rote Peperoni
4–5 EL Speiseöl, z. B. Sonnenblumenöl
450 g rote Linsen
frisch gemahlener Pfeffer
3 Msp. gemahlener Kardamom
2 ½ l Gemüsebrühe
4–5 Minzestängel
Salz
geriebene Muskatnuss

Pro Portion:
E: 12 g, F: 5 g, Kh: 27 g,
kJ: 841, kcal: 201, BE: 1,5

Zubereitung:

1. Die Möhren putzen, schälen, abspülen, abtropfen lassen und in kleine Würfel schneiden. Ingwer schälen und fein würfeln. Peperoni längs aufschneiden, entstielen, entkernen und die Scheidewände herausschneiden. Anschließend die Schoten abspülen, trocken tupfen und in feine Streifen scheiden.

2. Das Öl portionsweise in einem großen Topf erhitzen. Möhrenwürfel, Ingwer und Peperoni portionsweise darin etwa 5 Minuten unter gelegentlichem Rühren andünsten und herausnehmen. Möhrenwürfel mit Ingwer und Peperoni zusammen zurück in den Topf geben.

3. Linsen, Pfeffer und Kardamom hinzufügen und etwa 2 Minuten mit andünsten. Anschließend die Brühe hinzugießen. Die Zutaten zum Kochen bringen und zugedeckt 8–10 Minuten leicht köcheln lassen.

4. In der Zwischenzeit die Minzestängel abspülen, trocken tupfen und die Blättchen von den Stängeln zupfen. Die Suppe vor dem Servieren mit Salz und Muskatnuss abschmecken und mit Minze bestreuen.

Dazu passt:

Frisches Fladenbrot. Je nach Hunger der Gäste reicht ein Fladenbrot für 4–6 Personen.

Tipps:

Rote Linsen zerfallen bereits nach etwa 10 Minuten Garzeit (Packungsanleitung beachten).
Minzestängel übrig? Kein Problem – sie schmecken gut im selbst aufgebrühten Tee oder klein geschnitten über frischen Ananasstücken.

Geht auch:

Für eine **Möhrensuppe mit Tellerlinsen** das Gemüse wie im Rezept beschrieben vorbereiten. Statt der roten Linsen die bräunlichen Tellerlinsen verwenden (die Garzeit beträgt dann etwa 25 Minuten). Die Möhren nicht mit andünsten, sondern erst 8–10 Minuten vor Ende der Garzeit hinzugeben und mitgaren. Die Suppe wie im Rezept beschrieben würzen.

Simpel

Bunter Paprika-Nudel-Eintopf

Dauert etwa 45 Minuten,
für 8 Personen.

Zutaten:

Für die Fleischklößchen:
2 Brötchen (vom Vortag)
800 g gemischtes Hackfleisch
(halb Rind-, halb Schweinefleisch)
2 Eier (Größe M)
Salz
frisch gemahlener Pfeffer
Paprikapulver edelsüß

Für den Eintopf:
2 Bund Suppengrün (Sellerie, Möhren, Porree)
5–6 EL Speiseöl, z. B. Sonnenblumenöl
je 2 rote, grüne und gelbe Paprikaschoten
1 ½ l Fleischbrühe
400 g Hörnchennudeln
1 Dose geschälte Tomaten
(Einwaage 800 g)

Pro Portion:
E: 32 g, F: 27 g, Kh: 54 g,
kJ: 2492, kcal: 595, BE: 3,5

Zubereitung:

1. Für die Klößchen die Brötchen in kaltem Wasser einweichen und anschließend gut ausdrücken. Das Hackfleisch in einer Schüssel mit den ausgedrückten Brötchen und den Eiern vermengen. Die Fleischmasse mit Salz, Pfeffer und Paprika würzen. Anschließend aus der Masse mit angefeuchteten Händen kleine Klößchen formen.

2. Für den Eintopf Sellerie und Möhren putzen, schälen, abspülen und abtropfen lassen. Anschließend beides in Würfel schneiden. Den Porree putzen, die Stangen längs halbieren, gründlich waschen, abtropfen lassen und in Stücke schneiden. Das Öl in einem großen Topf erhitzen und die Gemüsestücke darin andünsten.

3. Paprikaschoten halbieren, entstielen, entkernen und die weißen Scheidewände entfernen. Die Schoten abspülen, abtropfen lassen und in kleine Stücke schneiden.

4. Die Paprikastücke zum angedünsteten Gemüse geben. Anschließend die Fleischbrühe hinzugießen, zum Kochen bringen und etwa 5 Minuten bei schwacher Hitze zugedeckt kochen lassen.

5. Die Nudeln mit den Fleischklößchen in den Eintopf geben. Die Tomaten mit einem scharfen Messer in der Dose zerkleinern und mit dem Tomatensud in den Eintopf geben.

6. Die Zutaten zum Kochen bringen und zugedeckt bei schwacher Hitze etwa 10 Minuten gar ziehen lassen. Den Eintopf mit Salz und Pfeffer abschmecken.

Dazu passen:

Ciabatta oder Baguette.

Tipps:

Die Suppe mit fein gehackter Petersilie bestreuen.
Die Nudeln bleiben bissfest, wenn sie separat nach Packungsanleitung gekocht und erst am Schluss in den Eintopf gegeben werden.

Geht schneller:

Statt selbst gemachten Fleischklößchen fertige Hackfleischbällchen (etwa 1 kg, aus dem Kühlregal) verwenden und kurz im Eintopf erwärmen. Statt frischem Suppengrün etwa 500 g TK-Suppengrün nehmen – so spart man sich das Putzen des Gemüses. Unaufgetautes TK-Suppengrün mit den Nudeln und den Tomaten zufügen. Alles garen wie im Rezept beschrieben.

Curry-Suppentopf

Schmeckt nach mehr

Dauert etwa 60 Minuten,
für 10–12 Personen.

Zubereitung:

1. Putenschnitzel unter fließendem kalten Wasser abspülen, trocken tupfen und in kleine Würfel schneiden. Zwiebeln abziehen, halbieren und ebenfalls klein würfeln. Porree putzen, die Stangen längs halbieren, gründlich waschen, abtropfen lassen und in schmale Streifen schneiden.

2. Speiseöl in einem großen Topf erhitzen. Die Fleischwürfel darin von allen Seiten leicht anbraten und wieder herausnehmen. Die Zwiebelwürfel mit den Porreestreifen in dem verbliebenen Bratfett andünsten.

3. Die Fleischwürfel zurück in den Topf geben, mit Curry und Mehl bestäuben und gut verrühren. Hühnerbrühe hinzugießen und die Suppe unter Rühren zum Kochen bringen. Die Suppe zugedeckt etwa 30 Minuten unter gelegentlichem Rühren bei schwacher Hitze köcheln lassen.

4. Anschließend Crème fraîche unterrühren und die Suppe mit Salz und Pfeffer würzen.

5. Kurz vor Ende der Garzeit die Äpfel abspülen, abtrocknen, vierteln, entkernen und in schmale Spalten schneiden. Die Apfelspalten mit Zitronensaft beträufeln und kurz vor dem Servieren in die Suppe geben und darin erwärmen.

Dazu passt:

Frisches Baguettebrot – pro Person sollten etwa 60 g eingeplant werden.

Zutaten:

750 g Putenschnitzel
3 kleine Zwiebeln
2–3 Stangen Porree (Lauch, etwa 450 g)
5–6 EL Speiseöl, z. B. Sonnenblumenöl
3 leicht geh. EL Currypulver
6 EL Weizenmehl (40–50 g)
3 l Hühnerbrühe
150 g Crème fraîche
Salz
frisch gemahlener Pfeffer
3 kleine Äpfel
Saft von 1–2 Zitronen

Pro Portion:
E: 19 g, F: 13 g, Kh: 10 g,
kJ: 979, kcal: 235, BE: 0,5

Tipp:

Der Curry-Suppentopf schmeckt auch mit Hähnchenbrustfilets.

Auch lecker:

Für eine **Curry-Suppe mit Staudensellerie und Mais** den Porree durch 350 g Staudensellerie (etwa 5 Stangen) und 1 Dose Gemüsemais (Abtropfgewicht 285 g) ersetzen. Staudensellerie putzen und die harten Außenfäden abziehen. Sellerie abspülen, abtropfen lassen und in dünne Scheiben schneiden. Selleriescheiben mit den Zwiebelwürfeln im Bratfett andünsten. Fleischwürfel zugeben und mit den anderen Zutaten garen. 5–10 Minuten vor Ende der Garzeit den abgetropften Mais zufügen und mitgaren.

Scharf – ohne Fleisch

Gemüsesuppe

Dauert etwa 50 Minuten,
für 12 Personen.

Zutaten:

2 Bund Suppengrün (Sellerie, Möhren, Porree)
6 Zwiebeln
4 Knoblauchzehen
2 Chilischoten
3 Stangen Porree (Lauch)
5 EL Speiseöl, z. B. Sonnenblumenöl
4–5 gestr. EL Tomatenmark
Salz
frisch gemahlener Pfeffer
300 g grüne TK-Bohnen
2 ½ l Gemüsebrühe
4 Dosen stückige Tomaten (Einwaage je 400 g)
1 Bund Petersilie
2 Dosen Kidney-Bohnen (Abtropfgewicht je 250 g)
1–2 TL Paprikapulver rosenscharf

Pro Portion:
E: 9 g, F: 5 g, Kh: 17 g,
kJ: 637, kcal: 152, BE: 1,0

Zubereitung:

1. Vom Suppengrün Sellerie und Möhren putzen, schälen, abspülen und abtropfen lassen. Das Gemüse in kleine Würfel schneiden. Porree putzen, die Stangen längs halbieren, gründlich waschen, abtropfen lassen und in kleine Stücke schneiden.

2. Zwiebeln und Knoblauch abziehen, halbieren und fein würfeln. Von den Chilischoten die Stängelansätze abschneiden und die Kerne mit einem spitzen Messer herauskratzen. Die Schoten abspülen, trocken tupfen und in Ringe schneiden.

3. Porree putzen, die Stangen längs halbieren, gründlich waschen und abtropfen lassen. Den Porree in Streifen schneiden.

4. Das Öl in einem großen Topf erhitzen. Suppengrün, Zwiebeln und Knoblauch darin andünsten. Tomatenmark unterrühren und kurz mitdünsten, mit Salz und Pfeffer bestreuen. Porreestreifen, grüne Bohnen und Chili unterrühren. Die Gemüsebrühe hinzugießen und alle Zutaten zum Kochen bringen. Die Suppe etwa 5 Minuten bei mittlerer Hitze zugedeckt kochen lassen.

5. Die stückigen Tomaten unterrühren, einmal aufkochen lassen und die Suppe etwa 8 Minuten zugedeckt bei mittlerer Hitze köcheln lassen, bis das Gemüse gar ist. Dabei gelegentlich umrühren.

6. Inzwischen Petersilie abspülen und trocken tupfen. Die Blättchen von den Stängeln zupfen und fein hacken. Die Kidney-Bohnen in ein Sieb geben, mit kaltem Wasser abspülen und abtropfen lassen.

7. Kidney-Bohnen in die Suppe geben und kurz darin erwärmen. Die Suppe mit Salz, Pfeffer und Paprikapulver abschmecken und mit Petersilie bestreuen.

Dazu passt:

Knuspriges, frisches Baguettebrot. Für 12 Personen 2–3 Stangen (je nach Größe) einplanen.

So wird es richtig scharf:

Die Suppe mit frischen Chiliringen bestreuen oder zusätzlich mit ein paar Spritzern Tabasco abschmecken. Wer es weniger scharf mag, kocht nur 1 oder 1 ½ Chilischoten mit und würzt anfangs etwas sparsamer mit Paprikapulver.

Zutaten:

1 kg rote Linsen
1 ½ l Gemüsebrühe
6 EL Raps- oder Olivenöl
9–10 EL Weißweinessig
2 rote Zwiebeln
2 Äpfel (möglichst mit roter Schale)
2 gelbe Paprikaschoten
1 Bund glatte Petersilie
Salz
frisch gemahlener Pfeffer

Pro Portion:
E: 27 g, F: 8 g, Kh: 55 g,
kJ: 1674, kcal: 400, BE: 4,5

Dazu passen:

Würstchen oder Fladenbrot.

Tipps:

Der Salat schmeckt lauwarm oder kalt.
Den Salat nicht mit Weißweinessig, sondern mit 6–7 Esslöffeln Apfelessig und 2–3 Esslöffeln Balsamico-Essig abschmecken.
Die Petersilie durch die gleiche Menge Schnittlauchröllchen ersetzen.

Zubereitung:

1. Die Linsen mit der Gemüsebrühe in einem großen Topf zum Kochen bringen. Dabei die Linsen mehrmals umrühren und bei schwacher Hitze 8–10 Minuten nach Packungsanleitung garen. Anschließend den Topf von der Kochstelle nehmen. Öl und Essig unter die Linsen rühren.

2. Zwiebeln abziehen, halbieren und würfeln. Äpfel abspülen, abtrocknen, vierteln, entkernen und in kleine Würfel schneiden. Paprikaschoten halbieren, entstielen, entkernen und die weißen Scheidewände entfernen. Die Schoten abspülen, abtropfen lassen und ebenfalls in kleine Würfel schneiden.

3. Die Zwiebel-, Apfel- und Paprikawürfel zu den Linsen geben, unterrühren und mit Salz und Pfeffer würzen. Anschließend die Petersilie abspülen, trocken tupfen, die Blättchen von den Stängeln zupfen. Dann fein hacken und unter die Linsen heben.

Oder mal fruchtig:

Für einen **Rote-Linsen-Salat mit Birnen und Frühlingszwiebeln** Äpfel und Paprikaschoten durch 2 Birnen (möglichst mit grüner Schale) und 2 Bund Frühlingszwiebeln (je etwa 150 g) ersetzen. Die Birnen abspülen, abtrocknen, vierteln, entkernen und in kleine Würfel schneiden. Frühlingszwiebeln putzen, abspülen, abtropfen lassen und in feine Ringe schneiden. Beides mit den Zwiebelwürfeln zu den Linsen geben.

Rote-Linsen-Salat

Schnell

Dauert etwa 30 Minuten,
für 10 Personen.

Gemüse-Obst-Platte
Vegetarisch – edel

Dauert etwa 60 Minuten, ohne Ziehzeit, für 8 Personen.

Zutaten:

2 Auberginen (je etwa 400 g)
Salz
500 g geschälte und gegarte Rote Bete (vakuumverpackt)
2 Fenchelknollen (je etwa 300 g)
etwa 8 EL Olivenöl

Für die Sauce:
1 Bund Petersilie
300 g Vollmilch-Joghurt
2 TL Sonnenblumenöl
4 EL Orangensaft
Salz
frisch gemahlener Pfeffer
1 Prise Zucker

Außerdem:
4 kleine, säuerliche Äpfel (z. B. Elstar, etwa 550 g)
evtl. etwas Zitronensaft

Pro Portion:
E: 4 g, F: 12 g, Kh: 18 g,
kJ: 818, kcal: 195, BE: 1,5

Zubereitung:

1. Auberginen abspülen, trocken tupfen und die Enden abschneiden. Die Früchte in ½–1 cm dicke Scheiben schneiden, nebeneinander legen und mit Salz bestreuen. Die Auberginen etwa 15 Minuten Wasser ziehen lassen.

2. Die Rote Bete abtropfen lassen und in dünne Scheiben schneiden. Von den Fenchelknollen die Stiele dicht oberhalb der Knollen abschneiden und evtl. braune Stellen und Blätter entfernen. Das zarte helle Fenchelgrün nach Belieben zum Garnieren beiseitelegen. Wurzelenden gerade schneiden, die Knollen abspülen, abtropfen lassen, halbieren und in dünne Streifen schneiden.

3. Etwas von dem Öl in einer großen Pfanne erhitzen. Die Auberginenscheiben mit Küchenpapier trocken tupfen, portionsweise in dem Öl von beiden Seiten bei mittlerer bis großer Hitze braun anbraten und auf Küchenpapier abtropfen lassen.

4. Für die Sauce die Petersilie abspülen, trocken tupfen, die Blättchen von den Stängeln zupfen und fein hacken. Joghurt mit Öl und Orangensaft verrühren, mit Salz, Pfeffer und Zucker würzen. Die Petersilie unterrühren.

5. Die Äpfel abspülen, trocken tupfen, vierteln, entkernen, in Spalten schneiden und evtl. mit etwas Zitronensaft beträufeln. Auberginen- und Rote-Bete-Scheiben mit Fenchelstreifen und Apfelspalten sofort nebeneinander auf einer großen Platte anrichten. Die Joghurtsauce mit den Gewürzen abschmecken und dazu servieren.

Dazu passen:

Ciabatta oder Vollkorntoast.

Tipps:

Sprossen (z. B. Soja- oder Mungobohnensprossen) passen gut zu buntem Gemüse mit Obst und geben weiteren „Biss“. Dafür zusätzlich etwa 200 g Sprossen in ein Sieb geben, mit kochendem Wasser übergießen, kalt abspülen und gut abtropfen lassen. Die Sprossen auf dem Salat verteilen.

Wer mag, rührt noch eine abgezogene und fein gehackte Knoblauchzehe oder 1 gestrichenen Teelöffel Senf (mittelscharf) unter die Joghurtsauce.

Oder mal anders:

Für eine **Salatplatte mit gebratenen Zucchini** nehmen Sie statt Auberginen 3 Zucchini (etwa 800 g). Zucchini abspülen, abtrocknen und die Enden abschneiden. Anschließend in Scheiben schneiden und in 3–4 Esslöffeln Olivenöl portionsweise anbraten. Zucchini herausnehmen und auf Küchenpapier abtropfen lassen.

Zutaten:

Für den Salat:
4 Zwiebeln
1½ kg festkochende Kartoffeln (klein bis mittelgroß)
500 ml (½ l) Gemüsebrühe
450 g TK-Erbsen
2 Gläser eingelegter Kürbis (Abtropfgewicht je 200 g)
6 EL Kürbissaft aus den Gläsern

Für die Salatsauce:
1 Bund Dill
250 g Salatmayonnaise
50 g körniger Senf
Salz
frisch gemahlener Pfeffer

Außerdem:
125 g gewürfelter, durchwachsener Speck (aus dem Kühlregal)

Pro Portion:
E: 8 g, F: 14 g, Kh: 25 g,
kJ: 1092, kcal: 261, BE: 2,0

Kartoffel-Kürbis-Salat

Mal anders – gut vorzubereiten

Dauert etwa 60 Minuten, ohne Durchziehzeit,
für 10–12 Personen.

Zubereitung:

1. Für den Salat Zwiebeln abziehen, halbieren und in Streifen schneiden. Kartoffeln schälen, abspülen, abtropfen lassen und in Scheiben schneiden.

2. Brühe in einem großen Topf zum Kochen bringen. Zwiebelstreifen und Kartoffelscheiben hineingeben und alles einmal aufkochen lassen. Anschließend zugedeckt bei schwacher Hitze etwa 15 Minuten garen, dabei gelegentlich umrühren. Etwa 3 Minuten vor Ende der Garzeit die unaufgetauten Erbsen hinzufügen und mitgaren. Topf von der Kochstelle nehmen und alles in eine große Schüssel geben.

3. Den Kürbis in einem Sieb abtropfen lassen. Den Saft dabei auffangen und 6 Esslöffel davon für die Sauce abnehmen. Die Kürbisstücke evtl. etwas kleiner schneiden.

4. Für die Sauce Dill abspülen, trocken tupfen und die Dillspitzen von den Stängeln zupfen. Einige Spitzen zum Garnieren beiseitelegen, die anderen fein hacken. Mayonnaise mit Senf, Dill und dem abgemessenen Kürbissaft verrühren, mit Salz und Pfeffer würzen. Die Sauce mit den Kürbisstücken zu der lauwarmen Kartoffel-Erbsen-Masse geben und gut vermischen. Den Salat anschließend 30 Minuten durchziehen lassen.

5. Eine Pfanne ohne Fett erhitzen. Die Speckwürfel darin bei mittlerer Hitze knusprig braten und auf Küchenpapier abtropfen lassen. Den Salat mit Salz, Pfeffer und evtl. Kürbissaft abschmecken, mit den Speckwürfeln bestreuen und mit Dill garnieren.

Tipps:

Der Salat kann gut einige Stunden vor dem Verzehr zubereitet (ohne Speckwürfel und Dillgarnitur) und zugedeckt in den Kühlschrank gestellt werden. Den Salat vor dem Verzehr nochmals gut umrühren, mit Speckwürfeln bestreuen und mit dem Dill garnieren.
Statt Kürbis können Sie die gleiche Menge Gewürzgurken (aus dem Glas) nehmen. Die Gurken klein würfeln und 6 Esslöffel von der Gurkenflüssigkeit für die Sauce verwenden.
Kalorienbewusste ersetzen die Hälfte der Salatmayonnaise durch Vollmilch-Joghurt.

Oder vegetarisch:

Für eine vegetarische Variante den Speck weglassen. Nach Belieben zusätzlich 2–3 Esslöffel Oliven- oder Kürbiskernöl unterrühren.

Zubereitung:

1. Den Reis in kochendem Salzwasser nach Packungsanleitung garen. Dann in einem Sieb abtropfen und erkalten lassen, dabei gelegentlich umrühren.

2. Die Cabanossi in dünne Scheiben schneiden. Paprikaschoten halbieren, entstielen, entkernen und die weißen Scheidewände entfernen. Schoten abspülen, abtropfen lassen und in kleine Würfel schneiden. Staudensellerie putzen und die harten Außenfäden abziehen. Sellerie abspülen, abtropfen lassen und in dünne Scheiben schneiden. Das Selleriegrün zum Garnieren beiseitelegen.

3. Mais in einem Sieb abtropfen lassen. Kidney-Bohnen ebenfalls in ein Sieb geben, mit kaltem Wasser abspülen und abtropfen lassen.

4. Den Reis mit Cabanossi, Paprikawürfeln, Selleriescheiben, Mais und Kidney-Bohnen in eine große Schüssel geben und gut vermischen.

5. Für die Marinade Essig mit Ketchup und Senf verrühren. Knoblauch abziehen, fein hacken oder durch eine Knoblauchpresse drücken und hinzufügen. Das Öl unterschlagen. Mit Salz, Pfeffer und Zucker würzen.

6. Die Marinade mit den Salatzutaten in der Schüssel gut vermischen. Den Salat mit Frischhaltefolie zugedeckt etwa 2 Stunden durchziehen lassen. Anschließend nochmals mit Salz und Pfeffer abschmecken.

7. Das Selleriegrün grob zerkleinern. Den Salat vor dem Servieren damit garnieren.

Dazu passt:

Fladenbrot.

Tipp:

Wer den typischen Knoblauchgeschmack der Cabanossi nicht mag, nimmt stattdessen Rauchenden (Mettenden). Diese je nach Größe in kleine Würfel schneiden.

Oder lieber vegetarisch:

Wer ruckzuck einen **vegetarischen Mais-Bohnen-Salat** zubereiten möchte (für 8 Personen) nimmt die gleiche Menge Reis, 2 Dosen Gemüsemais (Abtropfgewicht je 285 g), 2 Gläser Silberzwiebeln (Abtropfgewicht 190 g) und 2 Dosen Kidney-Bohnen (Abtropfgewicht je 250 g). Mais und Zwiebeln abtropfen lassen. Kidney-Bohnen in ein Sieb geben, mit kaltem Wasser abspülen und abtropfen lassen. 250 g Joghurt-Salatcreme und 6 Esslöffel Tomatenketchup verrühren und mit den Salatzutaten mischen. Nach Belieben salzen und pfeffern.

Zutaten:

500 g Patna-Langkornreis
Salz
600 g Knabber-Cabanossi
2 gelbe Paprikaschoten
3 Stangen Staudensellerie
2 Dosen Gemüsemais
(Abtropfgewicht je 285 g)
2 Dosen Kidney-Bohnen
(Abtropfgewicht je 250 g)

Für die Marinade:
3 EL Weißweinessig
3 EL Tomatenketchup
½ TL milder Senf
2 kleine Knoblauchzehen
6 EL Olivenöl
Salz
frisch gemahlener Pfeffer
1 TL Zucker

Pro Portion:
E: 19 g, F: 25 g, Kh: 58 g,
kJ: 2235, kcal: 534, BE: 4,5

Dauert etwa 40 Minuten,
ohne Abkühl- und Durchziehzeit,
für 10 Personen.

Mais-Bohnen-Salat

Simpel mit Cabanossi

Pasta-Salat mit Rucola und Mais

Preiswert – pikant

Dauert etwa 40 Minuten, ohne Durchziehzeit, für 8–10 Personen.

Zubereitung:

1. Wasser in einem großen geschlossenen Topf zum Kochen bringen. Dann Salz und Nudeln hinzugeben. Die Nudeln im geöffneten Topf bei mittlerer Hitze nach Packungsanleitung bissfest kochen, dabei gelegentlich umrühren. Etwa 3 Minuten vor Ende der Garzeit die Erbsen zufügen und mitgaren. Anschließend Nudeln und Erbsen in ein Sieb geben, mit kaltem Wasser abspülen und abtropfen lassen.

2. Inzwischen Rucola verlesen und die dicken Stängel abschneiden. Rucola abspülen, gut abtropfen lassen oder trocken schleudern und evtl. etwas kleiner zupfen. Anschließend den Mais in einem Sieb abtropfen lassen.

3. Für die Sauce Orangensaft, Essig und Öl verrühren. Knoblauch abziehen und fein hacken oder durch die Knoblauchpresse drücken und hinzufügen. Die Sauce mit Salz und Pfeffer würzen.

4. Die lauwarmen Nudeln und Erbsen mit Rucola, Mais und Sauce in einer großen Schüssel vermischen. Den Pasta-Salat etwa 20 Minuten durchziehen lassen.

5. Vor dem Servieren Parmesan in grobe Streifen hobeln und unter den Salat rühren. Den Salat mit Salz und Pfeffer abschmecken.

Zutaten:

Wasser
Salz
500 g Nudeln (z. B. Penne)
300 g TK-Erbsen
125 g Rucola (Rauke)
1 Dose Gemüsemais
(Abtropfgewicht 285 g)

Für die Sauce:
6 EL Orangensaft
2 EL Balsamico-Essig
4 EL Olivenöl
1–2 Knoblauchzehen
Salz
frisch gemahlener Pfeffer

Außerdem:
75 g Parmesan-Käse

Pro Portion:
E: 13 g, F: 9 g, Kh: 49 g,
kJ: 1386, kcal: 331, BE: 4,0

Dazu passen:

Ciabatta und leichter Rot- oder Roséwein.

Tipps:

Zusätzlich 2 Packungen gebratene Hähnchenfiletstreifen (je 150 g, aus dem Kühlregal) mit den Salatzutaten vermischen.
Am besten schmeckt der Nudelsalat, wenn man die Nudeln lauwarm mit den übrigen Zutaten vermischt. Die Nudeln für den Salat gleich nach dem Abgießen mit 1 Esslöffel Olivenöl vermischen: So glänzen die Nudeln schön und kleben nicht zusammen. Das Öl kann man bei der Marinade wieder einsparen.

Zutaten:

2 Dosen Mandarinen
(Abtropfgewicht je 175 g)
500 g Vanille-Joghurt (3,5 % Fett, aus dem Kühlregal)
6–7 EL Zitronensaft
2 mittelgroße Köpfe Eisbergsalat

Pro Portion:
E: 3 g, F: 3 g, Kh: 20 g,
kJ: 529, kcal: 126, BE: 1,5

Extra schnell – fruchtig

Eisbergsalat mit fruchtigem Dressing

Dauert etwa 20 Minuten,
für 8 Personen.

Zubereitung:

1. Die Mandarinen in einem Sieb abtropfen lassen. Joghurt und Zitronensaft in eine Salatschüssel geben und mit einem Schneebesen schaumig aufschlagen.

2. Von dem Eisbergsalat die äußeren, welken Blätter entfernen. Salatblätter lösen, abspülen, gut abtropfen lassen und trocken schleudern.

3. Salatblätter in mundgerechte Stücke schneiden und zu dem Dressing in die Salatschüssel geben. Die Mandarinen hinzufügen. Den Salat und die Mandarinen vorsichtig unter das Dressing mischen.

Tipp:

Das fruchtige Dressing schmeckt auch mit Chinakohl (in feine Streifen geschnitten).

Noch mehr Tipps:

Statt Vanille-Joghurt die gleiche Menge Vollmilch-Joghurt verwenden. Den Mandarinensaft aufbewahren und 3–4 Esslöffel des Zitronensaftes durch dieselbe Menge Mandarinensaft ersetzen.
Eisberg- oder Chinakohlsalat harmoniert auch prima mit anderem frischen Obst. Statt Mandarinen beispielsweise etwa 350 g Weintrauben verwenden: Die Trauben kurz heiß abspülen, trocken tupfen, halbieren und evtl. entkernen.
Oder 2 Orangen nehmen: Die Orangen so schälen, dass die weiße Haut mit entfernt wird. Orangenfilets herausschneiden.
Oder 2 Äpfel verwenden: Die Äpfel abspülen, trocken tupfen, vierteln, entkernen und in kleine Stücke schneiden.

Oder lieber herzhaft:

Für einen **Eisbergsalat mit Paprika** je 1 gelbe und rote Paprikaschote (je etwa 200 g) halbieren, entstielen, entkernen und die weißen Scheidewände entfernen. Schoten abspülen, abtropfen lassen und in dünne Streifen schneiden. 2 Köpfe Eisbergsalat putzen, waschen und klein zupfen (siehe oben). Statt der Joghurt-Sauce eine Sauce aus 3–4 Esslöffeln Zitronensaft, 5–6 Esslöffeln Sonnenblumenöl, Salz, Zucker und Pfeffer zubereiten. Den Eisbergsalat mit Paprikastreifen und der Sauce vermischen. Nach Belieben zusätzlich 2–3 Esslöffel Schnittlauchröllchen unterheben.

Der geht immer

Reis-Schafkäse-Salat

Dauert etwa 40 Minuten,
für 12 Personen.

Zubereitung:

1. Die Gemüsebrühe in einem geschlossenen großen Topf zum Kochen bringen. Die Reismischung darin nach Packungsanleitung ausquellen lassen. Den Reis in ein Sieb geben, mit kaltem Wasser abspülen und gut abtropfen lassen. Anschließend den Reis in eine große Schüssel geben und abkühlen lassen, dabei gelegentlich umrühren.

2. Inzwischen Paprikaschoten halbieren, entstielen, entkernen und die weißen Scheidewände entfernen. Schoten abspülen, abtropfen lassen, vierteln und in dünne Streifen schneiden. Frühlingszwiebeln putzen, abspülen, abtropfen lassen und schräg in kurze Stücke schneiden.

3. Mais und Erbsen in einem Sieb abtropfen lassen und zum Reis in die Schüssel geben. Paprikastreifen und Frühlingszwiebelstücke ebenfalls zum Reis geben und untermischen.

4. Für die Sauce Sambal Oelek mit Salz, Paprika und Essig verrühren. Das Öl unterschlagen und Tomatenmark und Sahne unterrühren.

5. Vor dem Servieren den Schafkäse in Würfel schneiden oder in kleine Stücke zerbröseln. Gut zwei Drittel davon unter den Salat heben. Den Salat in Gläsern anrichten, die Sauce daraufgeben und die restlichen Schafkäsewürfel oder -stücke auf dem Salat verteilen.

Zutaten:

4 l Gemüsebrühe
500 g Langkorn-Wildreis-Mischung (im Kochbeutel)
2 rote Paprikaschoten
4 Frühlingszwiebeln (etwa 100 g)
1 Dose Gemüsemais (Abtropfgewicht 285 g)
1 Dose Erbsen (Abtropfgewicht 280 g)

Für die Sauce:
2 gestr. TL Sambal Oelek
2 gestr. TL Salz
2 gestr. TL Paprikapulver edelsüß
4 EL Weißweinessig
6 EL Olivenöl
100 g Tomatenmark
125 g Schlagsahne

Außerdem:
250 g Schafkäse

Pro Portion:
E: 10 g, F: 13 g, Kh: 42 g, kJ: 1382, kcal: 330, BE: 3,5

Dazu passt:

Grillfleisch.

Tipps:

Der Salat schmeckt intensiver, wenn man ihn mit der Sauce gut vermischt und anschließend 2–3 Stunden zugedeckt im Kühlschrank durchziehen lässt.

Mal anders:

Für einen **Reissalat mit Staudensellerie und Gouda** auf Frühlingszwiebeln und Schafkäse verzichten. Stattdessen 3–4 Stangen Staudensellerie (etwa 175 g) und 250 g alten Gouda nehmen. Staudensellerie putzen und die harten Außenfäden abziehen. Sellerie abspülen und abtropfen lassen. Sellerie in dünne Scheiben schneiden. Gouda in Würfel schneiden. Salatzutaten mischen. Gouda zum Schluss darüber verteilen.

Couscous-Salat

Ideal zum Vorbereiten

Dauert etwa 30 Minuten, ohne Durchziehzeit, für 8 Personen.

Zubereitung:

1. Couscous mit der Gemüsebrühe nach Packungsanleitung in einem großen Topf zubereiten. Den Topf mit dem Couscous beiseitestellen. Couscous vollständig erkalten lassen.

2. In der Zwischenzeit Knoblauch und Zwiebeln abziehen, halbieren und fein würfeln. Paprikaschoten halbieren, entstielen, entkernen und die weißen Scheidewände entfernen. Die Schoten abspülen, abtropfen lassen und in feine Würfel schneiden.

3. Die Salatgurke abspülen, abtrocknen und die Enden abschneiden. Anschließend die Gurke längs halbieren, mit einem Teelöffel die Kerne entfernen. Gurke in Stücke schneiden.

4. Die Fleischtomaten kreuzweise einschneiden und mit kochendem Wasser übergießen. Tomaten mit kaltem Wasser abschrecken, enthäuten, halbieren und die Stängelansätze herausschneiden. Tomaten entkernen und in kleine Stücke schneiden.

5. Den beiseitegestellten Couscous in eine große Salatschüssel geben und mit 2 Gabeln etwas auflockern. Knoblauch-, Zwiebel- und Paprikawürfel, Gurken- und Tomatenstücke unterheben.

6. Für die Salatsauce Zitronensaft mit Öl verschlagen und mit Salz, Pfeffer und Chilipulver würzen. Die Sauce mit den Salatzutaten vermengen und zugedeckt etwa 2 Stunden in den Kühlschrank stellen.

7. Zum Servieren die Kräuter abspülen und trocken tupfen. Die Blättchen von den Stängeln zupfen und fein hacken. Die Kräuterblättchen unter den Couscous-Salat mischen. Vor dem Servieren den Salat nochmals abschmecken.

Zutaten:

400 g Couscous
etwa 1½ l Gemüsebrühe
2 Knoblauchzehen
2 Zwiebeln
je 2 kleine grüne und gelbe Paprikaschoten (je etwa 150 g)
1 Salatgurke
6 Fleischtomaten

Für die Salatsauce:
Saft von 2 Zitronen
6 EL Olivenöl
Salz
frisch gemahlener Pfeffer
½ TL Chilipulver
1 Bund glatte Petersilie
7–8 Stängel Koriander

Pro Portion:
E: 9 g, F: 8 g, Kh: 44 g,
kJ: 1201, kcal: 287, BE: 3,0

Tipps:

Mit Instant-Couscous geht es noch schneller. Er muss nur noch in heißem Salzwasser oder Gemüsebrühe ausquellen (Packungsanleitung beachten).
Statt Fleischtomaten können Sie auch etwa 800 g normale Tomaten verwenden.

Variante:

Wer es arabischer mag, bereitet einen **Bulgur-Salat** zu. Statt Couscous die gleiche Menge Bulgur nach Packungsanleitung ausquellen lassen. Die übrigen Salatzutaten bleiben gleich.
Wer möchte, ersetzt zusätzlich den Koriander durch 7–8 Stängel Minze und würzt statt mit Chilipulver mit etwas Kreuzkümmel (Cumin).

Bunte Rohkostplatte mit Schmand-Kräuter-Sauce

Dauert etwa 50 Minuten, für 8 Personen.

Preiswert – schnell gemacht

Zutaten:

Für die Sauce:
400 g Schmand (Sauerrahm)
2 EL Kräuteressig
3 EL Olivenöl
etwa 7 EL Milch
50 g TK-Kräutermischung
Salz
frisch gemahlener Pfeffer
1–2 Prisen Zucker

Außerdem:
450 g Staudensellerie (etwa 450 g)
2 Kohlrabi (je etwa 250 g)
400 g Cocktailtomaten
250 g braune Champignons
1 dickes Bund Radieschen
(etwa 18 Stück)

Pro Portion:
E: 5 g, F: 16 g, Kh: 7 g,
kJ: 833, kcal: 199, BE: 0,5

Zubereitung:

1. Für die Sauce Schmand mit Essig, Öl, Milch und gefrorenen Kräutern verrühren und mit Salz, Pfeffer und Zucker würzen. Die Schmand-Kräuter-Sauce zum Durchziehen beiseitestellen.

2. Inzwischen Sellerie putzen und die harten Außenfäden abziehen. Sellerie abspülen und abtropfen lassen. Sellerie in mundgerechte Stücke schneiden, dabei dicke Stangen evtl. längs halbieren. Kohlrabi schälen, abspülen, abtropfen lassen und erst in Scheiben, dann in Stifte schneiden.

3. Die Tomaten abspülen, abtrocknen, halbieren und evtl. die Stängelansätze herausschneiden. Pilze putzen, mit Küchenpapier abreiben, evtl. kurz abspülen und gut abtropfen lassen. Die Pilze in Scheiben schneiden. Die Radieschen putzen und die Wurzelenden abschneiden. Anschließend die Radieschen abspülen, abtrocknen und in Scheiben schneiden.

4. Die Salatzutaten auf einer großen Platte anrichten. Die Schmand-Kräuter-Sauce nochmals mit den Gewürzen abschmecken. Die Sauce entweder über die bunte Rohkostplatte verteilen oder getrennt dazuservieren.

Dazu passen:

Ofenfrisches Baguettebrot oder Aufbackbrötchen.
Pro Person etwa 60 g Brot einplanen.

Tipps:

Die Rohkostplatte lässt sich für eine Party 2–3 Stunden vorher zubereiten. Dann das Gemüse mit einem feuchten Küchentuch zugedeckt in den Kühlschrank stellen – so trocknet es nicht aus. Die Tomaten am besten erst kurz vor dem Servieren halbieren und dazureichen.
Die Kräutermischung durch je 1 Esslöffel frisch gehackte Petersilie, Schnittlauch und Dill ersetzen.

Noch ein Tipp:

Die Schmand-Kräuter-Sauce wird ohne Milch zum Kräuter-Dip. Dazu passt Gemüse zum Eindippen wie Möhren, Stangensellerie oder Paprikaschoten (alles geputzt, abgespült, trocken getupft und in lange, mundgerechte Streifen geschnitten).

Zwiebelkuchen-Häppchen

Einfach gut

Dauert etwa 15 Minuten.
Backzeit: etwa 15 Minuten,
etwa 20 Stück.

Zubereitung:

1. Den Backofen vorheizen.
Ober-/Unterhitze: etwa 220 °C
Heißluft: etwa 200 °C

2. Den Pizzateig mit dem Backpapier auf die Arbeitsfläche legen und in etwa 20 gleich große Rechtecke (etwa 5 x 9 cm) schneiden. Die Teigplatten vom Backpapier vorsichtig auf ein Backblech (mit Backpapier belegt) legen.

3. Das Zwiebelsuppenpulver mit Schmand verrühren und auf die Teigplatten streichen.

4. Den Schafkäse in Würfel schneiden oder mit einer Gabel zerdrücken und auf der Schmandmasse verteilen. Das Backblech in den vorgeheizten Backofen schieben. Die Zwiebelkuchen-Häppchen **etwa 15 Minuten backen.**

5. Die Zwiebelkuchen-Häppchen direkt aus dem Backofen oder kalt servieren.

Tipps:

Besonders dekorativ sind runde Häppchen. Dafür mit einem Glas (Ø etwa 7 cm) runde Platten ausstechen. Die Teigreste wieder zusammenkneten, nochmals ausrollen und weitere Platten ausstechen. Anschließend die Teigplatten wie im Rezept beschrieben weiterverarbeiten.

Statt Schafkäse etwa 75 g geriebenen Käse (zum Beispiel Gouda) nehmen und auf der Schmandmasse verteilen.

Für noch mehr Gäste 2 oder 3 Pizzateige mit verschiedenen Belägen vorbereiten. Die Backbleche nacheinander (bei Heißluft zusammen) in den vorgeheizten Backofen schieben und backen.

Oder zweimal anders:

Für **Paprika-Häppchen** statt der Zwiebelsuppe 1 Glas Tomatenpaprika in Streifen (Abtropfgewicht 165 g) nehmen. Paprika gut abtropfen lassen und mit 1 gehäuften Esslöffel Paprikamark und dem Schmand verrühren. Die Paprikamasse mit Salz und Pfeffer würzen und auf die Teigplatten streichen. Den Schafkäse oder anderen geriebenen Käse darüber verteilen und wie im Rezept angegeben backen.

Für **Häppchen mit Pesto** statt der Zwiebelsuppe 90–100 g Pesto alla Genovese mit dem Schmand verrühren und auf die Teigplatten streichen. Schafkäse darüber verteilen und wie im Rezept angegeben backen.

Zutaten:

1 Pck. Pizzateig
(aus dem Kühlregal, 400 g)
1 Beutel Zwiebelsuppe
(für ¾ l Flüssigkeit)
250 g Schmand (Sauerrahm)
100 g Schafkäse

Pro Portion:
E: 3 g, F: 6 g, Kh: 11 g,
kJ: 471, kcal: 112, BE: 1,0

Zutaten:

Für die Hackfleischfüllung:
2 EL Olivenöl
400 g Rinderhackfleisch
½ rote Paprikaschote
1 Knoblauchzehe (fein gehackt)
1 Zwiebel (fein gehackt)
1 EL Tomatenmark
Salz
frisch gemahlener Pfeffer
Chilipulver
1 EL frisch gehackter Koriander
(oder ½ TL getrockneter Koriander)

Für die Hähnchenfüllung:
300 g Hähnchenbrustfilet
1 rote Chilischote
3 EL Olivenöl
Paprikapulver edelsüß
1 EL Weizenmehl

Außerdem:
300 g Soft-Tacos (Tortillafladen, Ø 17–18 cm, 8 Stück)
200 ml milde Tacosauce
2 kleine Tomaten
14–16 Schnittlauchhalme
100 g frisch geriebener Gouda-Käse
250 g Kräuter Crème fraîche

Pro Portion:
E: 20 g, F: 30 g, Kh: 28 g,
kJ: 1799, kcal: 430, BE: 2,0

Dauert etwa 55 Minuten.
Backzeit: etwa 20 Minuten,
für 12 Personen.

Taco-Torte

Party-Hit für Mexiko-Fans

Zubereitung:

1. Für die Hackfleischfüllung Öl in einer Pfanne erhitzen. Hackfleisch darin unter Rühren anbraten. Dabei die Fleischklümpchen mit einer Gabel zerdrücken. Die Paprikahälfte entstielen, entkernen und die weißen Scheidewände entfernen. Schote abspülen und abtropfen lassen.

2. Paprika klein würfeln und mit Knoblauch und Zwiebel zu dem Gehackten geben. Etwa 5 Minuten unter Rühren anbraten. Tomatenmark unterrühren. Mit Salz, Pfeffer und Chili würzen. Koriander unterrühren. Die Hackfleischmasse auf einen Teller geben.

3. Für die Hähnchenfüllung Hähnchenbrustfilet unter fließendem kalten Wasser abspülen, trocken tupfen, in feine Streifen schneiden und in eine Schüssel geben. Chilischote längs aufschneiden, entkernen und die Scheidewände herausschneiden. Schote abspülen, trocken tupfen und in feine Streifen schneiden. Chilistreifen mit 1 Esslöffel Olivenöl, Paprika, etwas Salz, Pfeffer und Mehl gut unter die Hähnchenstreifen mischen. Jeweils 1 Esslöffel des restlichen Olivenöls in einer Pfanne erhitzen. Die Hähnchenfleischmischung darin in 2 Portionen unter Rühren bei mittlerer bis großer Hitze kurz anbraten. Die Hähnchenfleischmasse auf einen Teller geben.

4. Die Tacos mit je 1 Esslöffel der Tacosauce bestreichen und halbieren. Tomaten abspülen, abtrocknen, Stängelansätze herausschneiden und in Scheiben schneiden. Den Schnittlauch abspülen und trocken tupfen.

5. Etwa 2 Esslöffel der Hackfleischmasse auf 8 Tacohälften verteilen und mit je 1 Tomatenscheibe belegen. Anschließend die Tacohälften aufrollen und mit je einem Schnittlauchhalm umwickeln.

6. Den Backofen vorheizen.
Ober-/Unterhitze: etwa 200 °C
Heißluft: etwa 180 °C

7. Die restlichen, bestrichenen Tacohälften mit je etwa 2 Esslöffeln der Hähnchenfleischmasse bestreichen, aufrollen und mit Schnittlauchhalmen umwickeln. Je 7 gefüllte Hähnchenfleisch- und Hackfleischtacos im Wechsel mit der Nahtseite nach unten kreisförmig in eine Springform (Ø 28 cm, gefettet) legen. Die restlichen Hähnchenfleisch- und Hackfleischtacos halbieren und senkrecht in die Mitte der Springform setzen. Die Tacorollen mit Käse bestreuen.

8. Die Form auf dem Rost in den vorgeheizten Backofen schieben. Die Taco-Torte **etwa 20 Minuten backen.**

9. Die warme Taco-Torte mit Crème fraîche servieren.

Dazu passt:

Bunter Salat mit Avocado. Dafür 1 kleinen Kopf Eisbergsalat vierteln, in schmale Streifen schneiden, abspülen und trocken schleudern. 2 ½ rote Paprikaschoten halbieren, entstielen, entkernen und die weißen Scheidewände entfernen. Schoten abspülen, abtropfen lassen und in schmale Streifen schneiden. 1 Bund Frühlingszwiebeln putzen, abspülen, abtropfen lassen und in dünne Scheiben schneiden. 3 Tomaten abspülen, abtrocknen und die Stängelansätze herausschneiden. Tomaten in Scheiben schneiden. 2 Avocados längs durchschneiden, jeweils den Kern herauslösen. Avocados schälen, in dünne Scheiben schneiden. Die vorbereiteten Salatzutaten in einer großen Schüssel mischen. Für das Dressing 1–2 Esslöffel Weißweinessig mit Salz, Pfeffer und 1 Prise Zucker verrühren, 3 Esslöffel Olivenöl unterschlagen. Salatzutaten mit Dressing mischen.

Gefülltes Pitabrot

Im Trend

Dauert etwa 40 Minuten,
12 Stück.

Zutaten:

6 große Blätter Eisbergsalat
1 Gemüsezwiebel
1 Salatgurke
6 Tomaten
400 g Schafkäse
Salz
frisch gemahlener Pfeffer
gerebelter Oregano

Außerdem:
500 g Joghurt
4 EL Olivenöl
4 Knoblauchzehen (fein gehackt)
Salz
frisch gemahlener Pfeffer
12 Pita-Brottaschen
(frisch oder abgepackt)

Pro Portion:
E: 14 g, F: 12 g, Kh: 39 g,
kJ: 1348, kcal: 322, BE: 3,0

Zubereitung:

1. Die Salatblätter abspülen, trocken tupfen, halbieren und in schmale Streifen schneiden oder klein zupfen. Gemüsezwiebel abziehen und in dünne Ringe oder Streifen schneiden. Gurke abspülen, abtrocknen und die Enden abschneiden. Nach Belieben schälen und in Scheiben schneiden.

2. Tomaten abspülen, abtrocknen und in dünne Scheiben schneiden, dabei die Stängelansätze herausschneiden. Den Käse in dünne Scheiben schneiden. Tomaten- und Käsescheiben mit Salz, Pfeffer und Oregano würzen.

3. Für die Sauce Joghurt mit Öl und Knoblauchzehen verrühren und mit Salz und Pfeffer abschmecken.

4. Abgepackte Pita-Brottaschen im Toaster nach Packungsanleitung nacheinander toasten. Frische oder getoastete Brottaschen mit vorbereitetem Salat und den Zwiebeln, Gurken-, Tomaten- und Käsescheiben füllen. Die gefüllten Brottaschen mit der Joghurtsauce sofort servieren.

Tipps:

Frisches Pita-Brot bekommen Sie in türkischen Lebensmittel-Läden.
Statt der selbst gemachten Joghurtsauce Zaziki (etwa 600 g, aus dem Kühlregal) nehmen.
Für ein Party-Büfett reicht ein Pita-Brot pro Person. Als Hauptmahlzeit sollten 2 Stück pro Person eingeplant werden.

Geht auch:

Für **Pita-Brottaschen mit Hähnchenfleischfüllung** 600 g Hähnchenbrustfilet unter fließendem kalten Wasser abspülen und trocken tupfen. Fleisch in breite Streifen schneiden. Mit 5 Esslöffeln Sojasauce, frisch gemahlenem Pfeffer und Paprikapulver edelsüß mischen und etwa 60 Minuten zugedeckt im Kühlschrank durchziehen lassen. Das Fleisch aus der Marinade nehmen, trocken tupfen und in 3 Esslöffeln Sonnenblumenöl bei mittlerer bis großer Hitze unter gelegentlichem Rühren braun anbraten und beiseitestellen. Inzwischen 6 große Salatblätter abspülen, trocken tupfen und klein zupfen. 120 g Sojasprossen in einem Sieb mit kochendem Wasser übergießen und abtropfen lassen. 2 rote Paprikaschoten halbieren, entstielen, entkernen und die weißen Scheidewände entfernen. Schoten abspülen, abtropfen lassen und in dünne Streifen schneiden. 2 rote Zwiebeln abziehen und in feine Ringe schneiden. 12 getoastete Pita-Brottaschen mit Salatblättern, Sprossen, Paprika, Zwiebeln und Fleisch füllen. Pita-Brote mit Joghurtsauce servieren.

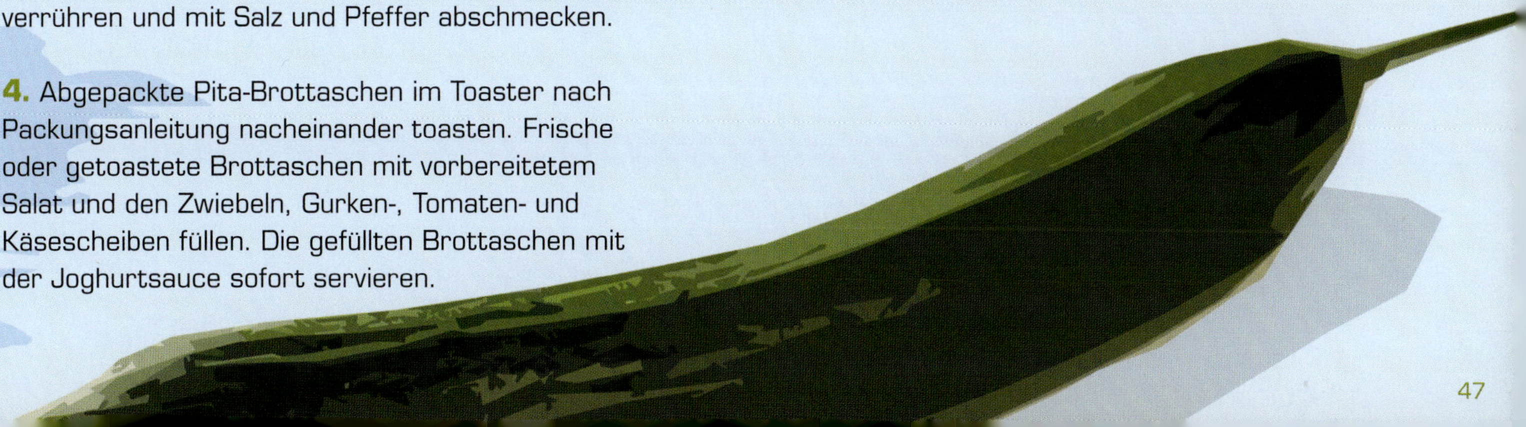

Paprika-Blätterteig-Schnitten

Dauert etwa 50 Minuten.
Backzeit: etwa 20 Minuten je Backblech,
18 Stück.

Einfach knusprig

Zutaten:

450 g TK-Blätterteig
(6 rechteckige Platten)
1 Zwiebel
1 Knoblauchzehe
je 1 rote, grüne und gelbe Paprikaschote (etwa 500 g)
je ½ Bund Thymian und Basilikum
1½ EL Olivenöl
200 g stückige Tomaten (aus der Dose)
2 EL Tomatenmark
Salz
frisch gemahlener Pfeffer

Außerdem:
1 Eigelb (Größe M)
1 EL Milch

Pro Stück:
E: 2 g, F: 7 g, Kh: 11 g,
kJ: 492, kcal: 118, BE: 1,0

Zubereitung:

1. Den Backofen vorheizen.
Ober-/Unterhitze: etwa 200 °C
Heißluft: etwa 180 °C

2. Den Blätterteig nebeneinander nach Packungsanleitung auftauen lassen.

3. Inzwischen Zwiebel und Knoblauch abziehen, halbieren und würfeln. Paprikaschoten halbieren, entstielen, entkernen und die weißen Scheidewände entfernen. Die Schoten abspülen, abtropfen lassen und würfeln. Thymian und Basilikum abspülen, trocken tupfen, die Blättchen von den Stängeln zupfen und fein hacken.

4. Das Öl in einer großen Pfanne erhitzen. Zwiebel-, Knoblauch- und Paprikawürfel kurz darin unter gelegentlichem Wenden andünsten. Tomaten mit Tomatenmark und Kräutern hinzufügen, unterrühren und 2–3 Minuten bei mittlerer Hitze köcheln lassen. Das Paprikaragout mit Salz und Pfeffer würzen.

5. Das Eigelb mit der Milch verquirlen und die Blätterteigplatten damit bestreichen. Die Blätterteigplatten dritteln, sodass insgesamt 18 gleich große Teigrechtecke entstehen. Die Teigplatten auf zwei Backbleche (mit Backpapier belegt) legen und das Paprikaragout darauf verteilen, dabei den Blätterteigrand rundherum etwa 1 cm frei lassen. Die Backbleche nacheinander (bei Heißluft zusammen) in den vorgeheizten Backofen schieben. Die Schnitten **etwa 20 Minuten je Backblech backen.**

Dazu passt:

Ein grüner Salat.

Tipps:

Die Paprika-Blätterteig-Schnitten schmecken kalt oder warm.
Bei einem Party-Buffet oder für eine Vorspeise reichen 2 Blätterteig-Schnitten pro Person. Als Hauptgericht mit Blattsalat sollten 4–5 Schnitten pro Person eingeplant werden.

Mal etwas schärfer:

Für **Blätterteig-Schnitten mit Frühlingszwiebeln und Ajvar** Paprikaschoten, stückige Tomaten, Tomatenmark, Thymian und Basilikum durch 2–3 Bund Frühlingszwiebeln (etwa 375 g) und 1 Glas Ajvar (Paprikapaste, 330 g) ersetzen. Die Frühlingszwiebeln putzen, abspülen, abtropfen lassen und in feine Ringe schneiden. Mit den Zwiebel- und Knoblauchwürfeln im heißen Öl andünsten. Ajvar unterrühren, 2–3 Minuten köcheln lassen. Zwiebelmasse mit Salz und Pfeffer würzen und auf den bestrichenen Teigstücken verteilen.

Dauert etwa 30 Minuten.
Backzeit: etwa 10 Minuten,
für 1 Backblech.

Pikant – schnell gemacht

Käsegebäck

Zutaten:

Für den Teig:
400 g Weizenmehl
3 gestr. TL Dr. Oetker Backin
½ gestr. TL Salz
250 g Magerquark
250 g weiche Butter

Außerdem:
3 EL Kondensmilch
50 g frisch geriebener Parmesan-Käse
2 EL Kümmelsamen
etwas Mehl (zum Ausrollen)

Insgesamt:
E: 95 g, F: 235 g, Kh: 305 g,
kJ: 15757, kcal: 3767, BE: 25,5

Zubereitung:

1. Den Backofen vorheizen.
Ober-/Unterhitze: etwa 200 °C
Heißluft: etwa 180 °C

2. Für den Teig Mehl mit Backpulver in einer Rührschüssel mischen. Übrige Zutaten für den Teig hinzufügen und alles mit Handrührgerät mit Knethaken zunächst kurz auf niedrigster, dann auf höchster Stufe zu einem Teig verarbeiten. Anschließend mit den Händen zu einer Rolle formen. Sollte der Teig kleben, ihn in Frischhaltefolie gewickelt etwa 30 Minuten in den Kühlschrank legen.

3. Den Teig portionsweise knapp ½ cm dick auf etwas Mehl ausrollen. Streifen und Vierecke ausrädeln und mit etwas Abstand auf ein Backblech (mit Backpapier belegt) legen. Alles mit Kondensmilch bestreichen und mit Parmesan und Kümmel bestreuen. Das Backblech in den vorgeheizten Backofen schieben. Das Gebäck **etwa 10 Minuten backen.**

4. Das Gebäck mit dem Backpapier auf einen Kuchenrost ziehen und erkalten lassen.

Dazu passen:

Idealer Snack zu einem Glas Bier oder Sekt.

Tipps:

Frisch gemacht schmeckt das Käsegebäck am besten. Es kann aber ebenso gut 3–5 Tage vor der Party gemacht und in einer gut schließenden Dose kühl und trocken aufbewahrt werden.
Wer keinen Kümmel mag, streut zum Parmesan etwas Paprikapulver edelsüß über die Streifen und Vierecke.
Ein Hingucker sind auch gedrehte Stangen. Dann die Streifen aber von beiden Seiten mit Kondensmilch bestreichen, mehrmals drehen, auf ein Backblech legen und wie in Punkt 3 beschrieben mit Parmesan und Kümmel bestreuen. Anschließend weiter nach Rezept vorgehen.

Auch lecker und dabei schneller:

Für **Käsegebäck aus TK-Blätterteig** 4 rechteckige Platten Blätterteig (300 g) nebeneinander nach Packungsanleitung auftauen lassen. Streifen und Vierecke wie in Punkt 3 beschrieben ausrädeln. Dann weiter nach Rezept vorgehen.

Yufkarollen mit Gemüse-Feta-Füllung

Orientalisch

Dauert etwa 20 Minuten, ohne Garzeit,
24 Stück.

Zutaten:

1 Glas geröstete Paprikahälften (Abtropfgewicht 450 g)
2 Knoblauchzehen
2 kleine Tomaten (etwa 100 g)
½ Bund glatte Petersilie
200 g Schafkäse
½ TL fein geriebene Zitronenschale von 1 Bio-Zitrone (unbehandelt, ungewachst)
frisch gemahlener Pfeffer
evtl. etwas gemahlener Kreuzkümmel (Cumin)
12 große, runde Yufkateigblätter (Ø 20–30 cm)
etwa 250 ml (¼ l) Speiseöl, z. B. Sonnenblumenöl

Pro Stück:
E: 22 g, F: 34, Kh: 96 g,
kJ: 3311, kcal: 791, BE: 8,0

Zubereitung:

1. Paprikahälften in einem Sieb gut abtropfen lassen und zusätzlich mit Küchenpapier trocken tupfen. Knoblauch abziehen und sehr fein würfeln.

2. Tomaten abspülen, abtrocknen, halbieren und die Stängelansätze herausschneiden. Die Tomaten würfeln. Paprikahälften nach Belieben längs in feine Streifen schneiden. Die Petersilie abspülen, trocken tupfen, die Blättchen von den Stängeln zupfen und grob hacken.

3. Den Schafkäse fein zerbröseln und in eine Schüssel geben. Petersilie und Zitronenschale untermischen. Mit Pfeffer und nach Belieben mit Kreuzkümmel würzen.

4. Die Yufkateigblätter auf einer Arbeitsfläche ausbreiten und dünn mit Speiseöl bestreichen. Jeweils 2 Teigblätter übereinanderlegen. Mit einem scharfen Messer in Viertel schneiden. Die vorbereiteten Gemüsezutaten und die Käse-Petersilien-Mischung auf den runden Seiten der einzelnen Teigstücke verteilen, dabei die Ränder jeweils frei lassen. Die Seiten etwas einklappen. Die Teigdreiecke je zur Spitze hin aufrollen. Die Ränder leicht andrücken.

5. Speiseöl in einer großen tiefen Pfanne erhitzen. Die Teigrollen portionsweise schwimmend in dem siedenden Speiseöl etwa 2 Minuten von allen Seiten knusprig braun braten. Die Yufkarollen mit einem Schaumlöffel herausnehmen, auf Küchenpapier legen und abtropfen lassen.

Tipp:

Yufkateiglätter gibt es in türkischen Lebensmittel-Läden (evtl. auch schon in Dreiecke geschnitten aus dem Frischeregal).

Oder so:

Ganz schnell geht es, wenn man einfach fertige, mit Schafkäse gefüllte Pfefferschoten (gibt es im Glas oder in der Feinkosttheke) in den Teig einrollt. Diese werden nur noch schwimmend in erhitztem Speiseöl knusprig braun gebraten und schon sind sie fertig.

Brotaufstriche
Was braucht man mehr?

Ziegenkäsecreme

Dauert etwa 20 Minuten,
für etwa 2 Gläser je 200 ml.

Zubereitung:

1. Zwiebel abziehen, halbieren und in kleine Würfel schneiden. Olivenöl in einer kleinen Pfanne erhitzen. Die Zwiebelwürfel darin glasig dünsten und dann auf einen Teller geben.

2. Tomaten abtropfen lassen. Oliven entsteinen und zusammen mit den Tomaten klein hacken. Thymian abspülen, trocken tupfen und die Blättchen von den Stängeln zupfen.

3. Zwiebelwürfel, Olivenstücke, Tomatenstücke und Thymianblättchen mit Ziegenfrischkäse verrühren. Die Creme mit Pfeffer abschmecken.

Zutaten:

1 kleine rote Zwiebel
1 EL Olivenöl
50 g getrocknete, in Öl eingelegte Tomaten
30 g schwarze Oliven (ohne Stein)
30 g grüne Oliven (ohne Stein)
1 Thymianstängel
200 g Ziegenfrischkäse (ersatzweise Doppelrahm-Frischkäse)
frisch gemahlener Pfeffer

Insgesamt:
E: 18 g, F: 78 g, Kh: 21 g,
kJ: 3616, kcal: 871, BE: 1,5

Linsenpaste

Dauert etwa 30 Minuten, ohne Abkühlzeit, für etwa 500 g.

Zubereitung:

1. Die Zwiebel abziehen, halbieren und fein würfeln. Linsen mit der Gemüsebrühe und den Zwiebelwürfeln in einen Topf geben und zum Kochen bringen. Zugedeckt bei schwacher Hitze 8–10 Minuten köcheln lassen (die Flüssigkeit soll von den Linsen vollständig aufgenommen werden). Linsen erkalten lassen, dabei gelegentlich umrühren und mithilfe einer Gabel zerdrücken.

2. Von der Mango das Fruchtfleisch vom Stein schneiden. Mango schälen und etwa 150 g Fruchtfleisch fein würfeln.

3. Die Linsen-Zwiebel-Mischung mit den Mangowürfeln verrühren. Currypulver und Öl unterrühren. Anschließend die Linsenpaste mit Salz und Pfeffer abschmecken.

Zutaten:

1 Zwiebel
150 g rote Linsen
300 ml Gemüsebrühe
1 Mango
1 EL Currypulver
3 EL Speiseöl, z. B. Sonnenblumenöl
Salz
frisch gemahlener Pfeffer

Insgesamt:
E: 42 g, F: 34 g, Kh: 101 g,
kJ: 3674, kcal: 878, BE: 8,5

Pikante Tex-Mex-Creme

Dauert etwa 10 Minuten, für etwa 500 g.

Zutaten:

1 kleine Dose Gemüsemais (Abtropfgewicht 140 g)
200 g Doppelrahm-Frischkäse
¼ TL Mexiko-Gewürzmischung
¼ TL grob geschroteter Chili
1 kleine Dose Ananasscheiben (Abtropfgewicht 140 g)
125 g gekochter Schinken
Salz

Insgesamt:
E: 55 g, F: 70 g, Kh: 52 g,
kJ: 4434, kcal: 1059, BE: 4,5

Zubereitung:

1. Mais in einem Sieb abtropfen lassen, etwa die Hälfte davon fein pürieren und mit Frischkäse verrühren. Die Maiscreme mit Gewürzmischung und Chili würzen.

2. Ananas zuerst in einem Sieb, dann auf Küchenpapier gut abtropfen lassen. Ananas fein hacken. Schinken ebenso sehr fein würfeln oder im Universalzerkleinerer zerkleinern.

3. Ananas, Schinken und restlichen Mais mit der Maiscreme verrühren, mit Salz und evtl. nochmals mit Chili abschmecken.

Tipp:

Die Aufstriche in gut verschließbaren Gläsern im Kühlschrank aufbewahren. Die Ziegenkäsecreme hält sich so etwa 2 Tage, Linsenpaste und Tex-Mex-Creme halten sich etwa 4 Tage.

Dauert etwa 50 Minuten.
Backzeit: 25–30 Minuten,
12 Stück.

Zum Hineinbeißen... fast zu schade

Zucchini-Käse-Muffins

Zubereitung:

1. Zucchini abspülen, abtrocknen und die Enden abschneiden. Anschließend der Länge nach in 12 dünne Scheiben schneiden. Die Scheiben nebeneinander legen, mit Salz bestreuen und 10–15 Minuten Saft ziehen lassen.

2. Inzwischen die Tomaten abspülen, abtrocknen, die Stängelansätze herausschneiden und jede Tomate in 4 Scheiben schneiden.

3. Den Backofen vorheizen.
Ober-/Unterhitze: etwa 180 °C
Heißluft: etwa 160 °C

4. Für den Teig den Käse grob raspeln. Mehl mit Backpulver in eine Rührschüssel geben und die Zutaten mischen. Maismehl, Salz und Gouda untermengen. Eier, Öl und Milch hinzufügen und mit Handrührgerät mit Rührbesen kurz unterrühren.

5. Die Zucchinischeiben mit Küchenpapier trocken tupfen und je 1 Scheibe in jede Vertiefung einer Muffinform (für 12 Muffins, gefettet, gemehlt) legen. Die Enden dabei überstehen lassen. Den Teig hineinfüllen. Je 1 Tomatenscheibe auf den Muffinteig legen und die Zucchinienden darüber zusammenlegen. Die Muffinform auf dem Rost auf mittlerer Einschubleiste in den vorgeheizten Backofen schieben. Die Muffins **25–30 Minuten backen.**

6. Die Form 10 Minuten auf einem Kuchenrost abkühlen lassen. Die Muffins aus der Form nehmen und auf einem mit Backpapier belegten Kuchenrost erkalten lassen.

7. Zum Bestreuen den Schnittlauch abspülen, trocken tupfen, in Röllchen schneiden und auf die Muffins streuen.

Tipps:

Die übergeklappten Zucchinienden nach Belieben vor dem Backen mit Olivenöl bestreichen, dann trocknen sie nicht so aus.
Die Muffins schmecken lauwarm oder kalt.

Zutaten:

1 lange, dünne Zucchini
(etwa 300 g)
Salz
3 mittelgroße Tomaten

Für den Teig:
100 g alter Gouda-Käse
150 g Weizenmehl
2 TL Dr. Oetker Backin
100 g Maismehl
1 TL Salz
3 Eier (Größe M)
5 EL Olivenöl
125 ml (⅛ l) Milch

Zum Bestreuen:
½ Bund Schnittlauch

Pro Stück:
E: 6 g, F: 10 g, Kh: 17 g,
kJ: 781, kcal: 186, BE: 1,5

Sandwiches

Dauert etwa 45 Minuten, ohne Kühlzeit, 48 Stück.

Lecker gefüllt

Zubereitung:

1. Von den Sandwichscheiben die Rinden abschneiden.

2. Für **Ricotta-Rucola-Sandwiches** die Hälfte des Rucolas mit Ricotta pürieren, mit Salz und Pfeffer würzen. Die Creme auf 6 Sandwichscheiben streichen, 3 davon zusätzlich mit dem restlichen Rucola und den Tomaten belegen. Die anderen Sandwichscheiben darauflegen.

3. Für **Gorgonzola-Birnen-Sandwiches** die Birnenhälften klein würfeln. Birnensaft mit Gorgonzola pürieren. Birnenwürfel unterheben, mit Pfeffer und Paprika würzen. Auf 3 Sandwichscheiben etwas Creme streichen, Salatblätter darauf verteilen und die restliche Creme darauf verstreichen. Mit weiteren 3 Sandwichscheiben bedecken.

4. Für **Mango-Putenbrust-Sandwiches** die Mangowürfel mit dem Mango-Chutney verrühren. Mit Salz, Pfeffer und Zitronensaft würzen. Banane schälen, klein würfeln und ebenfalls unterrühren. Die Mangomasse auf 6 Sandwichscheiben streichen. 3 Sandwichscheiben zusätzlich mit je 1 Salatblatt belegen. Die Putenbrust auf den Salatblättern verteilen. Mit je einer bestrichenen Sandwichscheibe bedecken.

5. Für **Rostbeef-Sandwiches** 6 Sandwichscheiben mit Sahnemeerrettich bestreichen, 3 Sandwichscheiben jeweils mit 1 Salatblatt und 2 Scheiben Roastbeef belegen. Eier- und Gewürzgurken darauf verteilen und mit den restlichen 3 Sandwichscheiben bedecken.

6. Alle Sandwiches fest andrücken, in Frischhaltefolie wickeln, etwa 1 Stunde beschweren (z. B. mit einem Schneidbrett und Konservendosen) und in den Kühlschrank stellen.

7. Sandwiches aus der Folie nehmen und zweimal diagonal durchschneiden, sodass jeweils 4 kleine Sandwiches entstehen. Auf einer Platte anrichten.

Zutaten:

24 Scheiben Sandwichtoast

Für Ricotta-Rucola-Sandwiches:
60 g klein gezupfter Rucola (Rauke)
125 g Ricotta (ital. Frischkäse) oder Frischkäse
Salz
frisch gemahlener Pfeffer
4 Cocktailtomaten, in Scheiben geschnitten

Für Gorgonzola-Birnen-Sandwiches:
230 g abgetropfte Birnenhälften (aus der Dose)
3 EL Birnensaft (aus der Dose)
150 g Gorgonzola-Käse
Paprikapulver edelsüß
3 abgespülte und trocken getupfte Salatblätter

Für Mango-Putenbrust-Sandwiches:
100 g Mangofruchtfleisch, gewürfelt
2 EL Mango-Chutney
1 EL Zitronensaft
1 Banane
3 abgespülte und trocken getupfte Salatblätter
150 g Putenbrustaufschnitt, gewürfelt

Für Roastbeef-Sandwiches:
2 geh. EL Sahnemeerrettich
3 abgespülte und trocken getupfte Salatblätter
6 Scheiben Roastbeef-Aufschnitt
2 hart gekochte Eier, in Scheiben
3 mittelgroße Gewürzgurken, in Scheiben

Pro Stück Ricotta-Rucola-Sandwich:
E: 2 g, F: 2 g, Kh: 8 g, kJ: 265, kcal: 63, BE: 0,5

Pro Stück Gorgonzola-Birnen-Sandwich:
E: 4 g, F: 5 g, Kh: 12 g, kJ: 443, kcal: 106, BE: 1,0

Pro Stück Mango-Putenbrust-Sandwich:
E: 4 g, F: 1 g, Kh: 12 g, kJ: 320, kcal: 76, BE: 1,0

Pro Stück Roastbeef-Sandwich:
E: 4 g, F: 3 g, Kh: 9 g, kJ: 312, kcal: 74, BE: 0,5

Brötchen-Snack

Heiß geliebt

Dauert etwa 15 Minuten.
Backzeit: etwa 12 Minuten,
12 Stück.

Zubereitung:

1. Den Backofen vorheizen.
Ober-/Unterhitze: 200 °C
Heißluft: 180 °C

2. Tomaten abspülen, abtrocknen, halbieren und Stängelansätze herausschneiden. Anschließend die Tomaten in kleine Würfel schneiden, in ein Sieb geben und abtropfen lassen. Tomatenwürfel mit Knoblauch-Kräuter- oder Pizza-Gewürz-Mischung und Olivenöl vermischen, mit Salz und Pfeffer würzen.

3. Die Kochschinken-Scheiben übereinanderlegen und in 4 breite Streifen schneiden. Mozzarella abtropfen lassen und in feine Scheiben schneiden.

4. Die Brötchen auf einem Backblech (mit Backpapier belegt) verteilen. Die Brötchen waagerecht der Länge nach je zweimal ein-, aber nicht durchschneiden. Die Einschnitte vorsichtig auseinanderdrücken. Tomatenwürfel und Schinkenstreifen darin verteilen, Mozzarella-Scheiben darauflegen. Das Backblech in den vorgeheizten Backofen schieben. Die Brötchen nach Packungsanleitung **etwa 12 Minuten backen.**

5. Die Brötchen sofort vom Backblech nehmen und servieren.

Zutaten:

4 Fleischtomaten (etwa 500 g)
2 EL TK-Knoblauch-Kräuter-Mischung
oder 1 TL Pizza-Gewürz-Mischung
2 EL Olivenöl
Salz
frisch gemahlener Pfeffer
6 Scheiben Kochschinken
500 g Mozzarella-Käse
12 kleine Aufbackbrötchen (je 50–70 g, aus dem Brotregal)

Pro Stück:
E: 18 g, F: 12 g, Kh: 32 g,
kJ: 1307, kcal: 312, BE: 2,5

Tipps:

Frisch und warm aus dem Backofen schmecken die Brötchen-Snacks am besten.
Ist der Brötchen-Snack zum Sattessen gedacht, sollten pro Person 2–3 Brötchen eingeplant werden.

Noch ein Tipp:

Statt Mozzarella-Käse etwa 500 g fertig geriebenen Pizza- oder Gouda-Käse nehmen.

Zutaten:

Für die Füllung:
1 Glas Champignonscheiben
(Abtropfgewicht 200 g)
1 Zwiebel
1 Knoblauchzehe
150 g Bacon (Frühstücksspeck)
25 g TK-Italienische Kräuter
70 g Tomatenmark
Salz
frisch gemahlener Pfeffer
Zucker

Für den Hefeteig:
375 g Weizenmehl
1 Pck. Hefeteig Garant
225 ml Wasser
1 EL Olivenöl

Zum Bestreichen:
1 EL Olivenöl

Insgesamt:
E: 75 g, F: 68 g, Kh: 295 g,
kJ: 9025, kcal: 2154, BE: 24,0

Partyring

Dauert etwa 45 Minuten, ohne Ruhezeit.
Backzeit: 30–35 Minuten,
für 1 Ring.

Gut gefüllt

Zubereitung:

1. Für die Füllung Champignonscheiben in einem Sieb abtropfen lassen und anschließend fein hacken. Zwiebel abziehen, halbieren und würfeln. Knoblauch abziehen, halbieren und würfeln oder durch eine Knoblauchpresse drücken. Bacon in kleine Stücke schneiden und in einer großen Pfanne ohne Fett bei mittlerer Hitze ausbraten. Zwiebeln und Knoblauch hinzufügen und mit anbraten.

2. Champignons mit Kräutern und Tomatenmark zur Baconmasse geben und unterheben. Die Masse unter Rühren kurz erhitzen und mit Salz, Pfeffer und Zucker würzen. Anschließend die Masse abkühlen lassen.

3. Für den Teig inzwischen Mehl in einer Rührschüssel mit Hefeteig Garant vermischen. Wasser und Öl hinzufügen. Die Zutaten mit Handrührgerät mit Knethaken zunächst kurz auf niedrigster, dann auf höchster Stufe in etwa 2 Minuten zu einem glatten Teig verarbeiten.

4. Den Teig auf einer leicht bemehlten Arbeitsfläche zu einem Rechteck (etwa 30 x 50 cm) ausrollen. Die Bacon-Champignon-Masse darauf verteilen, dabei rundherum einen etwa 2 cm breiten Rand frei lassen. Die Teigränder mit Wasser bestreichen. Den Teig von der längeren Seite her aufrollen, auf ein Backblech (mit Backpapier belegt) legen, zu einem Ring formen und anschließend etwa 15 Minuten ruhen lassen.

5. Den Backofen vorheizen.
Ober-/Unterhitze: etwa 200 °C
Heißluft: etwa 180 °C

6. Den Teigring rundherum in etwa 3 cm dicke Scheiben schneiden, dabei den Ring nicht ganz bis zur Innenkante durchschneiden. Die Teigscheiben nach außen drehen und flach auf das Backpapier legen. Der Ring bleibt dabei erhalten! Den Teigring mit Öl bestreichen.

7. Das Backblech in den vorgeheizten Backofen schieben. Den Ring **30–35 Minuten backen.**

8. Den Partyring mit dem Backpapier vom Backblech ziehen und erkalten lassen.

Tipps:

Für **Pilz-Bacon-Schnecken** den Hefeteig mit der Füllung von der Längsseite aufrollen, in 2–3 cm dicke Scheiben schneiden und auf zwei mit Backpapier belegte Backbleche legen. Die Pilz-Bacon-Schnecken mit Olivenöl bestreichen und 20–25 Minuten je Blech (bei Heißluft zusammen) backen.

Zutaten:

1 kg Hähnchenbrustfilet
3 EL Speiseöl, z. B. Olivenöl
Salz
frisch gemahlener Pfeffer
2 Dosen Gemüsemais
(Abtropfgewicht je 285 g)
1 Glas Peperoni (Abtropfgewicht 135 g)
2 Pck. Pizzateig (aus dem Kühlregal,
je 400 g) mit Tomatensauce (je 200 g)
500 ml (½ l) Hot Chili Sauce
etwa 340 g geriebener Pizza-Käse

Pro Portion:
E: 52 g, F: 24 g, Kh: 72 g,
kJ: 3036, kcal: 724, BE: 6,0

Zubereitung:

1. Für den Belag Hähnchenbrustfilet unter fließendem kalten Wasser abspülen, trocken tupfen und in Würfel schneiden. Öl portionsweise in einer großen Pfanne erhitzen. Die Hähnchenwürfel darin portionsweise unter Wenden bei mittlerer bis großer Hitze kräftig anbraten, mit Salz und Pfeffer würzen und herausnehmen.

2. Inzwischen Mais und Peperoni getrennt in Sieben gut abtropfen lassen.

3. Den Backofen vorheizen.
Ober-/Unterhitze: etwa 220 °C
Heißluft: etwa 200 °C

4. Die Pizzateige auf zwei Backblechen (je 30 x 40 cm, gefettet, mit Backpapier belegt) ausrollen.

5. Die Tomatensaucen (aus der Packung) mit der Chili Sauce in einer Schüssel mischen. Je die Hälfte der Sauce auf je einen Teig streichen. Hähnchenfleisch, Mais und Peperoni darauf verteilen und mit dem Käse bestreuen. Die Backbleche nacheinander (bei Heißluft zusammen) in den vorgeheizten Backofen schieben. Die Pizza nach Packungsanleitung **10–12 Minuten je Backblech backen.**

Hot-Chicken-Pizza

Dauert etwa 30 Minuten.
Backzeit: 10–12 Minuten je Backblech, für 2 Backbleche (8 Stücke).

Richtig lecker

Schmeckt auch:

Für eine **Gyros-Pizza** folgenden Belag nehmen: 2–3 Esslöffel Olivenöl portionsweise in einer großen Pfanne erhitzen. 600 g Gyrosfleisch (fertig mariniert) portionsweise darin anbraten. 1 Dose passierte Tomaten (Einwaage 400 g) mit der fertigen Tomatensauce (400 g) aus den Pizzateig-Packungen verrühren. Die Teige mit der Tomatensauce bestreichen. Gyros und abgetropfte milde Peperoni (Abtropfgewicht 135 g) darauf verteilen und mit 300 g geriebenem Gouda-Käse bestreuen. Die Backbleche nacheinander (bei Heißluft zusammen) in den vorgeheizten Backofen schieben. Die Pizza nach Packungsanleitung backen. 4–5 Stängel Petersilie abspülen, trocken tupfen und die Blättchen von den Stängeln zupfen. Blättchen fein hacken und die Pizzen damit frisch bestreuen.

Pizza-Toasts

Dauert etwa 15 Minuten.
Backzeit: etwa 10 Minuten,
10 Stück.

Superschnell und superlecker

Zubereitung:

1. Den Backofen vorheizen.
Ober-/Unterhitze: etwa 200 °C
Heißluft: etwa 180 °C

2. Die Toastscheiben im Toaster leicht rösten, abkühlen lassen und auf einem Backblech (mit Backpapier belegt) verteilen.

3. Tomaten abspülen, abtrocknen, halbieren und die Stängelansätze entfernen. Die Tomatenhälften in kleine Würfel schneiden, in ein Sieb geben und abtropfen lassen.

4. Tomatenwürfel mit der Kräuter- oder Gewürz-Mischung und Olivenöl verrühren. Mit Salz und Pfeffer würzen. Die Tomatenwürfel auf den Toastbrotscheiben verteilen.

5. Die Schinken- oder Salamischeiben halbieren und auf die Tomatenwürfel legen. Den Käse abtropfen lassen, in feine Scheiben schneiden und darauf verteilen. Das Backblech in den vorgeheizten Backofen schieben. Die Pizza-Toasts in **etwa 10 Minuten goldbraun überbacken.**

Tipp:

Für ein buntes Party-Buffet pro Person 1 Toast rechnen. Für ein vollständiges Essen oder zum Sattessen 2 Toasts mit einem grünen Blattsalat einplanen.

Auch lecker:

Für **vegetarische Champignon-Toasts** 100 g Champignons putzen, mit Küchenpapier abreiben, evtl. abspülen, gut trocken tupfen und in Scheiben schneiden. Champignons mit Tomatenwürfeln mischen und auf den Toastscheiben verteilen.

Oder mal wieder den Klassiker:

Für den Klassiker **Toast Hawaii** (10 Stück) den Backofen vorheizen (Ober-/Unterhitze: etwa 200 °C, Umluft: etwa 180 °C). 10 Scheiben Ananas (aus der Dose) abtropfen lassen. 10 Toastscheiben toasten, mit 100 g weicher Butter bestreichen, auf ein Backblech (mit Backpapier belegt) legen. Jede Toastscheibe mit je 1 Scheibe Kochschinken, Ananas und Käse belegen. Nach Belieben in die Mitte der Toasts je 1 abgetropfte Kaiserkirsche (aus dem Glas) legen. Das Backblech in den vorgeheizten Backofen schieben. Die Toasts **etwa 8 Minuten backen.**

Zutaten:

10 Scheiben Vollkorn-Toast
2–3 Fleischtomaten (400–500 g)
1 EL TK-Knoblauch-Kräuter-Mischung
oder ½–1 TL Pizza-Gewürz-Mischung
1 EL Olivenöl
Salz
frisch gemahlener Pfeffer
5 Scheiben Kochschinken oder Salami
250 g Mozzarella-Käse

Pro Stück:
E: 10 g, F: 8 g, Kh: 12 g,
kJ: 668, kcal: 159, BE: 1,0

Fladenbrot-Pizza

Dauert etwa 20 Minuten.
Backzeit: etwa 20 Minuten je Backblech,
für 8 Personen (2 Fladenbrote).

Gut belegt, gut drauf

Zutaten:

2 Fladenbrote
8 Tomaten
2 Bund Frühlingszwiebeln
400 g Schafkäse
100 g schwarze Oliven (ohne Stein)
500 g Thüringer Mett (gewürztes Schweinegehacktes)
200 g Zaziki (aus dem Kühlregal)
etwas gerebelter Oregano
evtl. einige Kräuterblättchen zum Garnieren

Pro Portion:
E: 31 g, F: 31 g, Kh: 67 g,
kJ: 2805, kcal: 670, BE: 5,0

Zubereitung:

1. Den Backofen vorheizen.
Ober-/Unterhitze: etwa 200 °C
Heißluft: etwa 180 °C

2. Die Fladenbrote auf 2 Backbleche (mit Backpapier belegt) legen. Tomaten abspülen, abtrocknen, halbieren und die Stängelansätze herausschneiden. Anschließend die Tomaten in dünne Scheiben schneiden. Die Frühlingszwiebeln putzen, abspülen, abtropfen lassen und in dünne Ringe schneiden.

3. Den Schafkäse abtropfen lassen und fein würfeln. Die Oliven in Stücke schneiden und mit den Käsewürfeln vermischen.

4. Das Mett gleichmäßig dünn auf den Fladenbroten verstreichen. Den Zaziki in Klecksen darauf verteilen. Tomatenscheiben und Frühlingszwiebelringe daraufgeben und mit Oregano bestreuen.

5. Die Oliven-Käse-Mischung zuletzt auf die Pizzen streuen. Die Backbleche nacheinander (bei Heißluft zusammen) in den vorgeheizten Backofen schieben und die Fladenbrot-Pizzen **etwa 20 Minuten je Backblech backen.**

6. Zum Servieren die Fladenbrot-Pizzen nach Belieben mit Kräuterblättchen bestreuen und in Stücke schneiden.

Dazu passen:

Blattsalat, Gurkensalat oder eingelegte Kürbisstücke.

Variante:

Für eine **Fladenbrot-Pizza mit Hähnchenstreifen** statt des Thüringer Metts 500 g Hähnchenbrustfilet unter fließendem kalten Wasser abspülen und trocken tupfen. Hähnchenbrust in dünne Streifen schneiden und unter Rühren portionsweise in 4 Esslöffeln erhitztem Olivenöl anbraten. Hähnchenstreifen mit Salz, Pfeffer und Paprikapulver edelsüß würzen, abkühlen lassen und statt des Metts auf die Fladenbrote verteilen. Die Fladenbrote wie im Rezept beschrieben mit den übrigen Zutaten belegen und backen.

Zubereitung:

1. Zwiebeln und Knoblauch abziehen, halbieren und würfeln. Das Öl in einem Topf erhitzen. Zwiebel- und Knoblauchwürfel darin glasig dünsten. Tomaten in der Dose mit einem scharfen Messer etwas zerkleinern und mit dem Saft hinzugeben. Die Zutaten zum Kochen bringen. Die Tomatensauce von der Kochstelle nehmen.

2. Frische Chilischote längs aufschneiden, entkernen und die Scheidewände herausschneiden. Schote abspülen, trocken tupfen und in Streifen schneiden. Die Tomatensauce mit Chili, Salz, Pfeffer, Zucker, Oregano und Thymian würzen.

3. Den Backofen vorheizen.
Ober-/Unterhitze: etwa 200 °C
Heißluft: etwa 180 °C

4. Tomaten abspülen, abtrocknen und die Stängelansätze herausschneiden. Tomaten in Scheiben schneiden. Zucchini abspülen, abtrocknen und die Enden abschneiden. Zucchini der Länge nach in Scheiben schneiden. Sellerie putzen, schälen, abspülen und abtropfen lassen. Sellerie in kleine Würfel schneiden. Den Pecorino-Käse reiben und zum Bestreuen beiseitestellen.

5. Die Tomatenscheiben auf dem Boden von 2 flachen großen Auflaufformen (leicht gefettet) verteilen. Die Hälfte der Tomatensauce daraufgeben und mit 1 Schicht Lasagneplatten belegen. Dann Zucchinischeiben und Selleriewürfel darauf verteilen. Wieder mit Lasagneplatten belegen. Die Bohnen mit dem Saft daraufgeben und mit Lasagneplatten belegen. Die Paprika mit dem Saft darauf verteilen und mit Pesto bestreichen. Mit den restlichen Lasagneplatten bedecken und die restliche Sauce darauf verstreichen. Den Mozzarella in Scheiben schneiden und darauf verteilen. Die Lasagne mit Pecorino und Pul Biber bestreuen.

6. Die Auflaufformen nacheinander (bei Heißluft zusammen) auf dem Rost in den vorgeheizten Backofen schieben. Die Lasagne **etwa 50 Minuten je Auflaufform garen.**

Zutaten:

4–5 Zwiebeln (etwa 250 g)
4–8 Knoblauchzehen
6 EL Speiseöl, z. B. Olivenöl
1 Dose geschälte Tomaten (Einwaage 800 g)
3–6 frische oder getrocknete rote Chilischoten
2 gestr. TL Salz
frisch gemahlener Pfeffer
2 EL Zucker
2 TL gerebelter Oregano
1 TL gerebelter Thymian
800 g Tomaten
400 g Zucchini
400 g Knollensellerie
180 g Pecorino-Käse
etwa 1 kg Lasagneplatten ohne Vorgaren
2 Dosen Kidney-Bohnen (Abtropfgewicht je 400 g)
2 Gläser Tomatenpaprika in Streifen (Abtropfgewicht je 300 g)
380 g Pesto alla Calabrese
600 g Mozzarella-Käse
1 TL Pul Biber (getrocknete, geschrotete Pfefferschoten)

Pro Portion:
E: 42 g, F: 38 g, Kh: 105 g,
kJ: 3906, kcal: 933, BE: 8,5

7. Die Lasagne aus dem Backofen nehmen, 5–10 Minuten ruhen lassen und servieren.

Tipps:

Pul Biber gibt es in türkischen Lebensmittel-Läden. Ersatzweise können Sie auch etwas Tabasco-Sauce verwenden.
Wer es weniger scharf mag, nimmt die kleinere Menge an Knoblauch und Chilischoten.

Scharfe Lasagne

Dauert etwa 80 Minuten, ohne Ruhezeit.
Backzeit: etwa 50 Minuten je Form,
für 10 Personen.

Zutaten:

18 runde TK-Kartoffelrösti
18 Scheiben Käse mit Knoblauch
18 Cocktailtomaten
4 mittelgroße Möhren (etwa 400 g)
Salzwasser
einige Stängel Basilikum
½ Bund Schnittlauch

Pro Stück:
E: 7 g, F: 8 g, Kh: 9 g,
kJ: 558, kcal: 133, BE: 0,5

Kartoffelrösti

Dauert etwa 30 Minuten.
Backzeit: 16–18 Minuten je Backblech,
18 Stück.

Simpel – vegetarisch

Zubereitung:

1. Den Backofen vorheizen.
Ober-/Unterhitze: etwa 220 °C
Heißluft: etwa 200 °C

2. Kartoffelrösti aus der Packung nehmen und auf 2 Backbleche (mit Backpapier belegt) legen. Die Backbleche nacheinander (bei Heißluft zusammen) in den vorgeheizten Backofen schieben. Kartoffelrösti **etwa 8 Minuten je Backblech backen.**

3. In der Zwischenzeit Käsescheiben diagonal halbieren. Tomaten abspülen, abtrocken, halbieren und die Stängelansätze nach Belieben herausschneiden. Die Möhren putzen, schälen, abspülen und abtropfen lassen. Möhren in dünne Scheiben schneiden. Das Salzwasser in einem Topf zum Kochen bringen. Möhrenscheiben darin etwa 3 Minuten garen, herausnehmen und anschließend in einem Sieb abtropfen lassen.

4. Die Kartoffelrösti auf den Backblechen wenden. Mit Tomatenhälften, Möhrenscheiben und Käsedreiecken belegen. Die Backbleche wieder nacheinander (bei Heißluft zusammen) in den heißen Backofen schieben. Die Kartoffelrösti bei gleicher Backofentemperatur **weitere 8–10 Minuten backen,** bis der Käse zerlaufen ist.

5. Basilikum und Schnittlauch abspülen und trocken tupfen. Die Blättchen von den Basilikumstängeln zupfen. Den Schnittlauch in feine Röllchen schneiden. Die Rösti nach Belieben mit Pfeffer bestreuen und mit den Kräutern garnieren.

Dazu passen:

Grüner Salat, Feld- oder Möhrensalat.

Oder mal anders:

Für **überbackene Mozzarellapuffer** die Kartoffelpuffer oder -rösti mit 18 großen Salamischeiben, Tomatenscheiben (von 4–5 Tomaten) und abgetropftem Mozzarella-Käse (250 g, in Scheiben) belegen, mit buntem Pfeffer bestreuen und wie oben angegeben überbacken.

Tipps:

Für kleinere Mengen lassen sich die Kartoffelrösti prima einzeln aus der Verpackung nehmen und garen. Den Rest wieder einfrieren.

Blechkartoffeln mit Kräuterquark

Dauert etwa 20 Minuten, ohne Durchzieh- und Garzeit, für 8 Personen.

Preiswert – macht satt

Zutaten:

2 kg mittelgroße festkochende Kartoffeln
4–5 Knoblauchzehen
10 EL Olivenöl
1 EL gerebelter Thymian
1 EL gerebelter Rosmarin
Salz
frisch gemahlener Pfeffer

Für den Kräuterquark:
1 kg Magerquark
400 g Schmand (Sauerrahm)
2 EL gehackte, gemischte TK-Kräuter

Pro Portion: E: 23 g, F: 25 g, Kh: 43 g, kJ: 2101, kcal: 501, BE: 3,5

Zubereitung:

1. Kartoffeln gründlich waschen und abtropfen lassen. Knoblauchzehen abziehen und hacken.

2. Olivenöl mit Knoblauch, Kräutern, Salz und Pfeffer verrühren. Die Kartoffeln ungeschält der Länge nach halbieren, mit der Ölmischung vermengen und mindestens 30 Minuten durchziehen lassen.

3. Den Backofen vorheizen.
Ober-/Unterhitze: etwa 200 °C
Heißluft: etwa 180 °C

4. Die Kartoffelhälften mit der Schnittfläche nach oben auf ein Backblech (gefettet) legen und mit der restlichen Marinade beträufeln. Das Backblech in den vorgeheizten Backofen schieben. Die Kartoffeln **etwa 40 Minuten garen.**

5. Inzwischen für den Kräuterquark Quark mit Schmand und Kräutern verrühren. Den Kräuterquark mit Salz und Pfeffer abschmecken.

Tipps:

Werden die Blechkartoffeln mit Kräuterquark solo gereicht, dann bei guten Essern 2 ½ kg Kartoffeln für 8 Personen einplanen. Dafür evtl. ein zweites Backblech benutzen.

Noch mehr Dips:

Für **Schafkäsedips mit Paprika und Möhren** 300 g Schafkäse mit 500 g Magerquark und 100 ml Milch in einer Schüssel pürieren.
Für den **Paprikadip** 1 rote Paprikaschote (etwa 200 g) halbieren, entstielen, entkernen und die weißen Scheidewände entfernen. Schote abspülen, abtropfen lassen und fein würfeln. 1 Knoblauchzehe abziehen und durch die Knoblauchpresse drücken. Paprika und Knoblauch mit 1 gehäuftem Esslöffel Paprikamark unter die Hälfte der Käse-Quarkmasse rühren. Paprikadip mit Salz, Pfeffer und Paprikapulver edelsüß abschmecken.
Für den **Möhrendip** 2 Möhren (etwa 200 g) putzen, schälen, abspülen und abtropfen lassen. Möhre grob raspeln und unter die übrige Käse-Quarkmasse rühren. Möhrendip mit Salz, Pfeffer und 1½–2 Teelöffeln Zitronensaft abschmecken.

Gefüllte Zucchini

Dauert etwa 60 Minuten.
Backzeit: 15–20 Minuten,
für 8 Personen.

Zutaten:

4 Zwiebeln
4 Knoblauchzehen
5–6 EL Olivenöl
4 Dosen stückige Tomaten
(Einwaage je 400 g)
2 Bund Majoran
6 Fleischtomaten oder 1 kg Tomaten
8 mittelgroße Zucchini (je etwa 250 g)
Salz
frisch gemahlener Pfeffer
600 ml Gemüsebrühe
500 g Instant-Couscous
Cayennepfeffer
100 g geriebener Emmentaler

Pro Portion:
E: 17 g, F: 13 g, Kh: 57 g,
kJ: 1772, kcal: 422, BE: 4,0

Zubereitung:

1. Zwiebeln und Knoblauch abziehen, halbieren und würfeln. Das Olivenöl in einem Topf erhitzen und die Zwiebel- und Knoblauchwürfel darin andünsten. Tomatenstücke hinzufügen und unter gelegentlichem Rühren etwa 10 Minuten zugedeckt bei schwacher Hitze kochen lassen.

2. Inzwischen den Majoran abspülen, trocken tupfen, die Blättchen von den Stängeln zupfen und fein hacken. Tomaten kreuzweise einschneiden und kurz in kochendes Wasser legen. Anschließend mit kaltem Wasser abschrecken, enthäuten, halbieren und die Stängelansätze herausschneiden. Tomaten entkernen und in Spalten schneiden.

3. Zucchini abspülen, abtrocknen und halbieren. Die Zucchinihälften leicht aushöhlen, sodass rundherum ein gut ½ cm dünner Rand stehen bleibt. Das Fruchtfleisch in Würfel schneiden.

4. Den Backofen vorheizen.
Ober-/Unterhitze: etwa 200 °C
Heißluft: etwa 180 °C

5. Majoran unter die Tomatensauce rühren, mit Salz und Pfeffer würzen. Die Sauce in 2 Portionen teilen und eine Hälfte beiseitestellen. Zu der zweiten Saucenhälfte die Gemüsebrühe gießen und zum Kochen bringen. Couscous, Tomatenspalten und Zucchiniwürfel hinzufügen. Mit Salz und Cayennepfeffer würzen. Die Sauce von der Kochstelle nehmen.

6. Die ausgehöhlten Zucchinihälften auf ein Backblech (mit Backpapier belegt) legen. Mit Salz und Pfeffer bestreuen. Die Zucchinihälften mit der Couscous-Tomaten-Zucchini-Masse füllen und mit Käse bestreuen. Das Backblech in den vorgeheizten Backofen schieben. Die Zucchini **15–20 Minuten backen.**

7. Die beiseitegestellte Tomatensauce erhitzen und zu den gefüllten Zucchini servieren.

Der Aufwand lohnt sich

Tipps:

Mit Vollkorn-Baguette (pro Person 60–80 g einplanen) wird daraus ein vegetarisches Hauptgericht.
Für ein Party-Buffet oder eine Vorspeise reicht pro Person eine Zucchinihälfte. Wenn die gefüllten Zucchinis nicht alle auf 1 Backblech passen, können Sie bei Heißluft 2 Bleche gleichzeitig in den Ofen schieben, bei Ober-/Unterhitze nacheinander.

Gut in Form

Ziegenkäse-Tarte

Dauert etwa 30 Minuten,
ohne Abkühlzeit.
Backzeit: 25–30 Minuten,
12 Stück.

Zubereitung:

1. Für den Belag Thymian abspülen und trocken tupfen. Von 4 Stängeln Thymian die Blätter abstreifen und beiseitelegen. Käse in dünne Scheiben schneiden.

2. Den Backofen vorheizen.
Ober-/Unterhitze: etwa 200 °C
Heißluft: etwa 180 °C

3. Für den Teig Mehl, Grieß, Backpulver, Salz und beiseitegelegte Thymianblätter in einer Rührschüssel vermischen. Buttermilch, Eier und Olivenöl hinzufügen und mit Handrührgerät mit Rührbesen unterrühren.

4. Den Teig in eine Tarte- oder in eine Springform (Ø 26 bis 28 cm, gefettet und mit Semmelbröseln ausgestreut) füllen und glatt streichen. Käsescheiben auf dem Teig verteilen und mit restlichen Thymianzweigen belegen. Rosa Pfefferbeeren zerdrücken, auf die Käsescheiben streuen und mit Olivenöl beträufeln.

5. Die Form auf dem Rost in den vorgeheizten Backofen schieben. Die Tarte **25–30 Minuten backen.** Anschließend aus dem Backofen nehmen und in der Form erkalten lassen.

Tipps:

Die Tarte kann gut vorbereitet und vor dem Servieren in etwa 5 Minuten bei Ober-/Unterhitze: etwa 200 °C, Heißluft: etwa 180 °C aufgebacken werden.
Statt frischem Thymian etwa 1 gestrichenen Teelöffel gerebelten Thymian nehmen.
Ziegenkäse gibt es abgepackt als Rolle im Kühlregal oder an der Käsetheke in Form von Talern zu kaufen.

Variante:

Für eine **Schafkäse-Tarte** 100 g Weizenmehl, 30 g Hartweizengrieß, 2 gestrichene Teelöffel Dr. Oetker Backin, 1 gestrichenen Teelöffel Salz, ½ Teelöffel getrocknete Rosmarinnadeln und 1 gestrichenen Teelöffel Dr. Oetker Finesse Geriebene Zitronenschale in einer Rührschüssel gut vermischen. 50 ml Wasser, 2 Eier (Größe M) und 80 ml Olivenöl hinzufügen und mit Handrührgerät mit Rührbesen unterrühren. 150 g Zucchini- und 150 g Schafkäsewürfel ebenfalls unterrühren. Den Teig in eine gefettete und mit Semmelbröseln ausgestreute Tarte- oder Springform füllen und glatt streichen. 150 g weitere Schafkäsewürfel auf dem Teig verteilen. ½ Teelöffel getrocknete Rosmarinnadeln zusammen mit 30 g Pinienkernen über Käse und Teig streuen. Mit 1–2 Esslöffeln Olivenöl beträufeln, mit Pfeffer bestreuen. Die Form auf dem Rost in den vorgeheizten Backofen (Ober-/Unterhitze: etwa 200 °C, Heißluft: etwa 180 °C) schieben. Die Tarte 35–40 Minuten backen. Aus dem Backofen nehmen und in der Form erkalten lassen.

Zutaten:

Für den Belag:
½ Bund Thymian
200 g Ziegenkäse

Für den Teig:
100 g Weizenmehl (Type 550)
30 g Hartweizengrieß
2 gestr. TL Dr. Oetker Backin
1 gestr. TL Salz
80 ml Buttermilch
2 Eier (Größe M)
100 ml Olivenöl
etwa 1 TL rosa Pfefferbeeren
1–2 EL Olivenöl zum Beträufeln

Außerdem:
Semmelbrösel

Pro Stück:
E: 6 g, F: 15 g, Kh: 10 g,
kJ: 807, kcal: 193, BE: 1,0

Flammkuchen vom Blech

Ein echter Klassiker

Dauert etwa 35 Minuten, ohne Teiggehzeit.
Backzeit: etwa 20 Minuten,
für 10–12 Personen.

Zutaten:

Für den Hefeteig:
350 g Weizenmehl (Type 550)
1 Pck. Dr. Oetker Trockenbackhefe
1 Prise Salz
3 EL Olivenöl
250 ml (¼ l) lauwarmes Wasser

Für den Belag:
2 mittelgroße Zwiebeln
150 g gewürfelter durchwachsener Speck
250 g Speisequark (20 % Fett)
150 g saure Sahne
1 TL Zucker
½ gestr. TL Salz
frisch gemahlener Pfeffer
frisch geriebene Muskatnuss

evtl. etwas glatte Petersilie

Pro Portion:
E: 9 g, F: 10 g, Kh: 27 g,
kJ: 1000, kcal: 239, BE: 2,0

Zubereitung:

1. Für den Teig Mehl mit Hefe in einer Rührschüssel sorgfältig vermischen. Salz, Olivenöl und Wasser hinzufügen. Die Zutaten mit Handrührgerät mit Knethaken zunächst kurz auf niedrigster, dann auf höchster Stufe in etwa 5 Minuten zu einem glatten Teig verarbeiten. Den Teig leicht mit Mehl bestäuben und zugedeckt so lange an einem warmen Ort gehen lassen, bis er sich sichtbar vergrößert hat.

2. In der Zwischenzeit für den Belag Zwiebeln abziehen, zuerst in dünne Scheiben schneiden, dann in Ringe teilen. Die Speckwürfel in einer großen Pfanne ohne Fett bei mittlerer Hitze kurz erhitzen. Zwiebelringe hinzugeben und etwa 1 Minute unter mehrmaligem Wenden erhitzen. Die Speck-Zwiebel-Masse auf einen Teller geben. Den Quark in einer Rührschüssel mit der sauren Sahne verrühren, mit Zucker, Salz, Pfeffer und Muskat würzen.

3. Den gegangenen Teig leicht mit Mehl bestäuben, aus der Schüssel nehmen und auf einer bemehlten Arbeitsfläche nochmals kurz durchkneten. Den Teig auf ein Backblech (30 x 40 cm, gefettet) geben und mit bemehlten Händen gleichmäßig darauf verteilen. Die Quarkmasse daraufgeben und verstreichen. Zuletzt die Speck-Zwiebel-Masse darauf verteilen. Den Teig nochmals zugedeckt etwa 15 Minuten an einem warmen Ort gehen lassen.

4. In der Zwischenzeit den Backofen vorheizen.
Ober-/Unterhitze: etwa 200 °C
Heißluft: etwa 180 °C

5. Das Backblech in den vorgeheizten Backofen schieben. Den Flammkuchen **etwa 20 Minuten backen.**

6. Das Backblech auf einen Kuchenrost stellen. Den Flammkuchen in 12 Rechtecke schneiden. Nach Belieben Petersilie abspülen und trocken tupfen. Die Blättchen von den Stängeln zupfen. Blättchen grob hacken. Den Flammkuchen damit bestreuen und warm servieren.

So geht es noch schneller:

Statt selbst gemachten Hefeteig 1 Packung Pizzateig (400 g, aus dem Kühlregal) verwenden.

Oder mal vegetarisch:

Für einen **Flammkuchen mit Frühlingszwiebeln** die Speckwürfel durch 1 Bund Frühlingszwiebeln (etwa 200 g) ersetzen. Frühlingszwiebeln putzen, abspülen, abtropfen lassen und in feine Ringe schneiden. Mit den „normalen" Zwiebelringen kurz in einer großen Pfanne in 1 Esslöffel Sonnenblumenöl wie in Punkt 2 beschrieben andünsten. Anschließend weiter nach Rezept vorgehen.

Hackfleischpizza

Dauert etwa 50 Minuten.
Backzeit: 45–55 Minuten,
für 8–10 Personen.

Darf auf keiner Party fehlen

Zubereitung:

1. Den Backofen vorheizen.
Ober-/Unterhitze: etwa 200 °C
Heißluft: etwa 180 °C

2. Brötchen in kaltem Wasser einweichen. Zwiebeln und Knoblauch abziehen, halbieren und fein würfeln. Schafkäse in Würfel schneiden oder zerbröseln. Zucchini abspülen, abtrocknen und die Enden abschneiden. Möhren putzen, schälen, abspülen und abtropfen lassen. Zucchini und Möhren grob raspeln.

3. Hackfleisch in eine große Schüssel geben. Die Brötchen gut ausdrücken. Zwiebel-, Knoblauch- und Schafkäsewürfel sowie Eier und Zucchini- und Möhrenraspel zufügen und mit dem Hackfleisch gut vermengen. Die Hackfleischmasse mit Salz, Pfeffer und Oregano würzen.

4. Champignons in einem Sieb abtropfen lassen. Die Hackmasse in einer Fettpfanne (gefettet) verstreichen. Zigeunersauce darauf verstreichen und mit Champignonscheiben belegen. Die Fettpfanne in den vorgeheizten Backofen schieben. Die Pizza **etwa 25 Minuten backen.**

5. Inzwischen Tomaten abspülen, abtrocknen, halbieren und die Stängelansätze herausschneiden. Tomaten in Scheiben schneiden. Von den Paprikaschoten die Stielansätze keilförmig herausschneiden. Kerne und weiße Scheidewände herauskratzen. Schoten abspülen, abtropfen lassen und in Ringe schneiden. Mozzarella abtropfen lassen und in Scheiben schneiden.

6. Tomatenscheiben und Paprikaringe auf der Pizza verteilen, mit Salz, Pfeffer und Oregano bestreuen. Mozzarella-Scheiben in die Paprikaringe legen, Pizza-Käse in die Zwischenräume streuen. Die Fettpfanne wieder in den Backofen schieben. Die Pizza bei gleicher Backofeneinstellung **weitere 20–30 Minuten backen.**

Tipps:

Statt Zucchini und Möhren schmecken auch Paprikawürfel, Mais oder nur Schafkäsewürfel im Hackfleischteig.
Wer keine Fettpfanne hat, nimmt ein Backblech und verstärkt die Ränder mit gefalteter Alufolie. So läuft nichts über.

Zutaten:

2 Brötchen (vom Vortag)
3 Zwiebeln
2 Knoblauchzehen
300 g Schafkäse
1 große Zucchini (etwa 300 g)
2 mittelgroße Möhren (etwa 200 g)
1½ kg gemischtes Hackfleisch
(halb Rind-, halb Schweinefleisch)
2 Eier (Größe M)
Salz
frisch gemahlener Pfeffer
1 EL gerebelter Oregano
2 Gläser Champignons in Scheiben
(Abtropfgewicht je 200 g)
2 Flaschen Zigeunersauce (je 250 ml)
3 Fleischtomaten
2 rote Paprikaschoten
250 g Mozzarella-Käse
1 EL gerebelter Oregano
100 g geriebener Pizza-Käse

Pro Portion:
E: 52 g, F: 45 g, Kh: 27 g,
kJ: 3002, kcal: 716, BE: 1,5

Preiswert – einfach

Dauert etwa 40 Minuten, ohne Abkühlzeit, für 12 Personen.

Apfel-Knusper-Kompott mit Zimtsahne

Zubereitung:

1. Für das Apfelkompott Äpfel schälen, vierteln, entkernen und grob zerkleinern. Die Zitronen heiß abwaschen, abtrocknen und die Schale fein abreiben. Anschließend die Zitronen halbieren und den Saft auspressen.

2. Die Apfelstücke mit Wasser, Honig, Zitronenschale und -saft in einem großen Topf zum Kochen bringen. Zugedeckt bei schwacher Hitze etwa 15 Minuten garen (bis die Apfelstücke gar sind, aber nicht zerfallen), dabei gelegentlich umrühren. Den Topf von der Kochstelle nehmen. Apfelkompott mit einem Schneebesen durchschlagen (das Kompott soll noch stückig bleiben). Das Apfelkompott erkalten lassen.

3. Für die Knuspermischung inzwischen die Hälfte der Butter in einer großen Pfanne zerlassen. Jeweils die Hälfte der Haferflocken, Sonnenblumen-, Haselnusskerne und des Zuckers darin unter Rühren leicht anrösten, herausnehmen und in eine Schüssel geben. Die restlichen Zutaten ebenso verarbeiten. Die Rosinen unter die gesamte Knuspermischung rühren und erkalten lassen.

4. Für die Zimtsahne die Sahne mit Zucker und Zimt steif schlagen. Das Kompott mit der Knuspermischung und der Zimtsahne abwechselnd in 12 Gläser oder eine große Glasschüssel schichten. Die Oberfläche mit Zimt bestreuen.

Tipps:

Wem das Apfelkompott zu flüssig ist, gießt einfach die Flüssigkeit vor dem Einschichten ab. Mit gekauftem Apfelmus und Fertig-Müsli verringert sich die Zubereitungszeit. Für 12 Personen etwa 2 ½ kg Apfelmus und 300–350 g Fertig-Müsli einplanen.

Zutaten:

Für das Apfelkompott:
3 kg säuerliche Äpfel, z. B. Boskop oder Elstar
Schale und Saft von 2 Bio-Zitronen (unbehandelt, ungewachst)
250 ml (¼ l) Wasser
5–6 EL flüssiger Honig

Für die Knuspermischung:
50 g Butter
80 g kernige Haferflocken
80 g Sonnenblumenkerne
80 g gehobelte Haselnusskerne
80 g brauner Zucker
60 g Rosinen

Für die Zimtsahne:
600 g Schlagsahne
3 EL Zucker
¾ TL gemahlener Zimt

Außerdem:
etwas gemahlener Zimt

Pro Portion:
E: 5 g, F: 28 g, Kh: 52 g,
kJ: 2028, kcal: 485, BE: 4,5

Auch lecker:

Für ein **Birnenkompott** 3 kg Birnen schälen, vierteln, entkernen und in grobe Stücke schneiden. 600 ml Wasser mit 75 g Zucker, 1 Päckchen Dr. Oetker Vanillin-Zucker, 2 Zimtstangen und 5 Gewürznelken in einem großen Topf zum Kochen bringen. Birnenstücke hineingeben, aufkochen lassen und zugedeckt bei schwacher Hitze in 8–10 Minuten weich kochen, dabei gelegentlich umrühren. 2–3 Esslöffel Zitronensaft unterrühren. Das Kompott erkalten lassen. Zimtstangen und Gewürznelken entfernen und die Flüssigkeit abgießen. Das Kompott evtl. mit Zucker abschmecken. Mit Fertig-Müsli (300–350 g) und Zimtsahne einschichten.

Zutaten:

500 g Cantuccini (ital. Mandelgebäck)
125 ml (⅛ l) starker Kaffee (Espresso oder Mocca)
5 Dosen Mandarinen-Orangen (Abtropfgewicht je 175 g)
125 ml (⅛ l) Cointreau (Orangenlikör)
40 g Puderzucker
500 g Vollmilch-Joghurt
500 g Vanille-Joghurt
500 g Schlagsahne

etwas Kakaopulver zum Bestäuben

Pro Portion:
E: 9 g, F: 22 g, Kh: 60 g,
kJ: 2124, kcal: 506, BE: 5,0

Fruchtiges Tiramisu

Darf nicht fehlen – mit Alkohol

Dauert etwa 50 Minuten, ohne Durchziehzeit, für 12 Personen.

Zubereitung:

1. Die Cantuccini in eine große, flache Auflaufform legen und mit dem kalten Kaffee tränken.

2. Die Mandarinen-Orangen in einem Sieb gut abtropfen lassen. Das Obst anschließend auf den Cantuccini verteilen, mit Cointreau beträufeln und mit Puderzucker bestäuben. Die Mandarinen-Orangen zudecken und im Kühlschrank 1–2 Stunden durchziehen lassen.

3. Beide Joghurtsorten in einer Schüssel miteinander verrühren. Die Sahne steif schlagen und unterheben. Die Joghurt-Sahne auf den Früchten verteilen. Das Tiramisu zugedeckt in den Kühlschrank stellen und 3–4 Stunden durchziehen lassen.

4. Vor dem Servieren das fruchtige Tiramisu mit etwas Kakaopulver bestäuben.

Tipps:

Steht das Tiramisu länger auf einem Buffet, zusätzlich 2 Päckchen Dr. Oetker Sahnesteif unter die Sahne rühren.
Statt Cantuccini eignen sich Löffelbiskuit oder Amarettini (ital. Mandelmakronen).
Statt Mandarinen-Orangen aus der Dose 8–10 frische Orangen verwenden. Diese so schälen, dass die weiße Haut mit entfernt wird. Dann die Filets mit einem scharfen Messer herausschneiden.

Variante:

Tiramisu klassisch: 1 kg Mascarpone (ital. Frischkäse) mit 300 ml Milch, 150 g Zucker, 2 Päckchen Dr. Oetker Bourbon-Vanille-Zucker und 40 ml Amaretto (Mandellikör) in einer Schüssel glatt rühren. Weitere 40 ml Amaretto mit 500 ml (½ l) kaltem Espresso verrühren. Von etwa 400 g Löffelbiskuits die Hälfte in eine flache Auflaufform legen, mit der Hälfte der Espresso-Amaretto-Mischung beträufeln und mit der Hälfte der Mascarponemasse bedecken. Die restlichen Zutaten in gleicher Reihenfolge daraufschichten. Tiramisu zugedeckt in den Kühlschrank stellen. Vor dem Servieren dick mit 3–4 Esslöffeln Kakaopulver bestäuben.

Vanille-Kirsch-Speise
Schnell fertig – mit Alkohol

Dauert etwa 30 Minuten, ohne Abkühlzeit, für 12 Personen.

Zubereitung:

1. Für den Pudding aus Pudding-Pulver, Zucker und Milch nach Packungsanleitung einen Pudding kochen und erkalten lassen. Dabei ab und zu umrühren, damit sich keine Haut bildet oder direkt auf die Puddingoberfläche eine Lage Frischhaltefolie legen.

2. Inzwischen Sauerkirschen in einem Sieb gut abtropfen lassen. Den Quark mit Zucker und Orangensaft verrühren.

3. Die Hälfte der Sauerkirschen gleichmäßig auf 12 Gläser verteilen. Erst die Hälfte des Puddings in den 12 Gläsern verteilen und glatt streichen, dann die Hälfte des Quarks gleichmäßig daraufgeben. Anschließend die restlichen Kirschen, den restlichen Pudding und den restlichen Quark einschichten.

4. Den Eierlikör vorsichtig auf die obere Quarkschicht gießen und mit Raspelschokolade bestreuen. Die Vanille-Kirsch-Speise bis zum Servieren zugedeckt in den Kühlschrank stellen.

Zutaten:

Für den Pudding:
2 Pck. Dr. Oetker Pudding-Pulver Vanille-Geschmack
80 g Zucker
1 l Milch

Außerdem:
2 Gläser Sauerkirschen (Abtropfgewicht je 370 g)
750 g Magerquark
60 g Zucker
125 ml (⅛ l) Orangensaft
375 ml (⅜ l) Eierlikör
50 g Raspelschokolade (Zartbitter oder Vollmilch)

Pro Portion:
E: 13 g, F: 7 g, Kh: 46 g,
kJ: 1395, kcal: 333, BE: 4,0

Tipps:

Noch schneller geht es mit 2 Bechern (je 500 g) fertigem Vanillepudding aus dem Kühlregal. Raspelschokolade kann man auch selbst herstellen. Dafür eine halbe Tafel Schokolade mit einem Küchenmesser in feine Streifen schneiden oder mit einem Sparschäler hobeln.

Für die Sommer-Party:

Kirschsaft auffangen, in Eiswürfelbehälter füllen und am besten über Nacht im Tiefkühlfach gefrieren lassen. Schmeckt gut zu Mineralwasser oder Orangensaft.

Auch lecker:

Für eine **Mandel-Pflaumen-Speise** statt Pudding-Pulver Vanille-Geschmack 2 Päckchen Dr. Oetker Pudding-Pulver Mandel-Geschmack und statt der Sauerkirschen 2 Gläser Pflaumen (Abtropfgewicht je 385 g) verwenden. Quark mit Zucker und statt mit Orangensaft mit 125 ml (⅛ l) Milch verrühren. Die Speise einschichten, wie unter Punkt 3 angeben. Die oberste Quarkschicht nur mit Raspelschokolade bestreuen.

Genauso lecker:

Für eine **Schokoladen-Birnen-Speise** das Pudding-Pulver durch 2 Päckchen Dr. Oetker Pudding-Pulver Schokoladen-Geschmack ersetzen und statt der Sauerkirschen 2 Dosen Birnenhälften (Abtropfgewicht je 460 g, in dünne Spalten geschnitten) verwenden. Nach Belieben mit etwa 100 g gebräunten Mandelblättern bestreuen.

Kiwi-Apfel-Refresher

Extraschnell und extraleicht

Dauert etwa 10 Minuten,
für 8 Personen.

Zubereitung:

1. Die Kiwis schälen und in kleine Würfel schneiden. Äpfel ebenfalls schälen, vierteln und die Kerngehäuse entfernen. Die Apfelviertel klein würfeln.

2. Kiwi- und Apfelwürfel mit Honig und Pfefferminzblättchen verrühren. Kiwi-Apfel-Refresher in 8 Trinkgläsern anrichten.

Tipps:

Für die Party kann das Obst 3–4 Stunden vorher zubereitet werden. Dann zugedeckt im Kühlschrank aufbewahren. Pfefferminzblättchen erst kurz vor dem Servieren in Streifen schneiden und mit dem Obst mischen. Klein geschnitten sehen sie sonst nach einer Weile unansehnlich grau-schwarz aus.

Oder so:

Für einen **Trauben-Bananen-Refresher** 750 g grüne oder blaue (möglichst kernlose) Trauben waschen, trocken tupfen, halbieren und evtl. entkernen. 4 große Bananen schälen, in dünne Scheiben schneiden und mit 2–3 Esslöffeln frisch gepresstem Zitronen- oder Orangensaft mischen. Die Traubenhälften und Bananenscheiben mit Honig und Pfefferminzblättchen verrühren und in Gläser füllen.

Oder lieber exotisch:

Für einen **Ananas-Melonen-Refresher** 2 Ananas und 1 Melone (zum Beispiel Galia) einkaufen, zubereiten und ebenfalls mit Honig und Minze verrühren.

Zutaten:

8 Kiwis
8 kleine säuerliche Äpfel
4 TL flüssiger Honig
4 EL gehackte Pfefferminzblättchen

Pro Portion:
E: 1 g, F: 1 g, Kh: 19 g,
kJ: 385, kcal: 92, BE: 1,5

Zarter Genuss – mit Alkohol

Dauert etwa 35 Minuten, ohne Abkühlzeit, für 8 Personen.

Schokoladencreme mit Rum

Zutaten:

4 Blatt weiße Gelatine
200 g Zartbitter-Schokolade
2 Pck. Dr. Oetker Pudding-Pulver Schokoladen-Geschmack
150 g Zucker
1 l Milch
500 g Schlagsahne
8 EL brauner Rum
60 g gehobelte Schokolade

Pro Portion:
E: 9 g, F: 35 g, Kh: 50 g,
kJ: 2424, kcal: 578, BE: 4,0

Zubereitung:

1. Gelatine nach Packungsanleitung in kaltem Wasser einweichen. Die Zartbitter-Schokolade in kleine Stücke brechen.

2. Pudding-Pulver und Zucker mit etwa 150 ml der Milch anrühren. Die restliche Milch in einem Topf unter Rühren zum Kochen bringen, von der Kochstelle nehmen und das angerührte Pudding-Pulver einrühren. Den Pudding unter Rühren etwa 1 Minute kochen lassen.

3. Den Pudding von der Kochstelle nehmen. Die Schokolade unter den Pudding rühren und darin schmelzen lassen. Die Gelatine ausdrücken und unter Rühren im heißen Pudding auflösen. Den Pudding abkühlen lassen. Dabei ab und zu umrühren, damit sich keine Haut bildet oder direkt auf die Puddingoberfläche eine Lage Frischhaltefolie legen.

4. Die Sahne steif schlagen, mit dem Rum unter den erkalteten Pudding rühren. Schokoladencreme in Schälchen füllen und fest werden lassen. Anschließend mit gehobelter Schokolade bestreuen.

Tipps:

Statt gehobelter Schokolade die gleiche Menge fertige Zartbitter-Raspelschokolade verwenden. Statt Rum schmeckt auch Cognac oder Amaretto (Mandellikör). – Und auch ganz ohne Alkohol ist die Creme ein Genuss.

Dazu passt:

Vanillesauce (Fertigprodukt oder selbst gemacht).

Auch eine Sünde wert:

Die Schokoladencreme statt mit Schokolade mit selbst gemachtem Mandel-Karamell garnieren. Dafür 60 g Mandelstifte in einer kleinen Pfanne ohne Fett unter gelegentlichem Rühren goldbraun rösten und auf einem Teller abkühlen lassen. 100 g Zucker in einen kleinen Topf geben, bei mittlerer Hitze hellbraun karamellisieren lassen. Den Topf von der Kochstelle nehmen und 100 ml Milch in den Topf gießen. Das Ganze unter Rühren so lange erhitzen, bis eine cremige Karamellmasse entstanden ist. Die Mandelstifte in die Karamellmasse geben, verrühren und etwas abkühlen lassen. Mandel-Karamell auf dem Pudding verteilen.

Oder in Weiß:

Für eine **weiße Schokoladencreme** die Zartbitter-Schokolade, das Pudding-Pulver Schokoladen-Geschmack und den braunen Rum durch die gleiche Menge weiße Schokolade, Pudding-Pulver Vanille-Geschmack und weißen Rum ersetzen. Nach Belieben die Zuckermenge um 1–2 gehäufte Esslöffel reduzieren.

Kapitelregister

Suppen & Eintöpfe

Salate

Snacks & Fingerfood

Aus dem Ofen

Desserts

Alphabetisches Register

Für Fragen, Vorschläge oder Anregungen stehen Ihnen der Verbraucherservice der Dr. Oetker Versuchsküche
Telefon: 00800 71 72 73 74 Mo.–Fr. 8:00–18:00 Uhr,
Sa. 9:00–15:00 Uhr (gebührenfrei in Deutschland)
oder die Mitarbeiter des Dr. Oetker Verlages
Telefon: +49 (0) 521 520651 Mo.–Fr. 9:00–15:00 Uhr
zur Verfügung.

Oder schreiben Sie uns:
Dr. Oetker Verlag KG, Am Bach 11, 33602 Bielefeld
oder besuchen Sie uns im Internet unter www.oetker-verlag.de
oder www.oetker.de.

Umwelthinweis Dieses Buch und der Einband wurden auf chlorfrei gebleichtem Papier gedruckt. Die Einschrumpffolie – zum Schutz vor Verschmutzung – ist aus umweltfreundlichem und recyclingfähigem PE-Material.

Redaktion Christina Langner

Innenfotos Fotostudio Diercks (Thomas Diercks, Kai Boxhammer, Christiane Krüger), Hamburg (S. 8/9, 10/11, 12, 22, 31, 34/35, 44, 50, 53, 61, 67, 68, 72, 79, 81, 83, 85, 92)
Ulli Hartmann, Halle/Westf. (S. 24/25, 28, 49)
Bernd Lippert (S. 57)
Antje Plewinski, Berlin (S. 4/5, 6, 14/15, 18/19, 20/21, 26/27, 32/33, 36/37, 39, 40/41, 42/43, 46, 54/55, 58/59, 62, 64/65, 71, 74/75, 76, 86/87, 88/89, 91)
Hans-Joachim Schmidt, Hamburg (S. 16)

Rezeptentwicklung und -beratung Irmgard Radke, Calden
Foodstyling Anke Rabeler, Berlin

Nährwertberechnungen Nutri Service, Hennef

Grafisches Konzept, Gestaltung, Titelgestaltung und Reproduktionen kontur:design, Bielefeld

Satz Typografika, Bielefeld
Druck und Bindung Mohn media Mohndruck GmbH, Gütersloh

ISBN: 978-3-7670-0992-9